KB028093

1등 아이 만드는 **맞춤공부**

1등 아이 만드는 맞춤공부

1판 1쇄 인쇄 2005년 3월 25일
1판 1쇄 발행 2005년 3월 30일
지은이 김순혜
펴낸곳 도서출판 사과나무
본문 디자인 김성엽
펴낸이 권정자
등 록 1996년 9월 30일(제11−123)
주 소 경기도 고양시 행신동 샘터마을 301-1208
전 화 (031) 978−3436
팩 스 (031) 978−2835
e-메일 saganamu@chollian.net
값 9,000원
ISBN 89-87162-67-2 03370

1등 아이 만드는

맞춤 공부

| 김순혜(경원대 교육대학원장) 지음 |

사과나무

머리말

부모들에게 가장 큰 관심거리이면서도 고통
스러운 문제는 역시 아이들의 공부문제입니다. 그야말로 내 자녀가
1등을 하는 아이라면 얼마나 신이 나겠습니까. 하지만 1등은 한 명
밖에 없으니 대부분의 부모들에게 아이의 공부 문제는 고통일 수밖
에 없습니다.

그래서 그런지 최근 서점에는 각종 자녀교육서들이 즐비하게 꽂
혀 독자를 기다리고 있습니다. 그 중에서도 아이들의 학습이나 공
부를 주로 다룬 책들이 갑자기 인기를 끌고 있습니다. 아마도 이 현
상은 부모들이 아이들의 공부에 대해서 무언가 희망의 빛을 감지했
기 때문인 것 같습니다. 이 희망의 빛은 아이에게 교과목에 대한 지
식을 직접적으로 가르칠 수는 없지만 공부하는 방법, 공부가 잘되
는 환경 등은 부모 선에서 가능하다는 인식에서 비롯된 것으로 보
입니다.

필자도 대학교수이지만 초등학생용 문제도 모르는 것이 너무 많은 것을 보면 부모들이 아이에게 공부를 가르치기는 어려운 것 같습니다. 그러므로 방법은 하나, 공부하는 방법을 가르쳐주자는 것입니다.

"아이의 공부는 엄마가 경영한다"

처음에는 이 책의 제목을 이와 같이 정하려고 하였다가 자칫 아이의 공부를 엄마가 다 알아서 하고 아이는 따라만 가는 수동적인 공부방법을 제시하는 것으로 인식될까봐 제목을 바꾸기로 하였습니다. 공부는 아이가 스스로 알아서 하는 것입니다. 지식 정보화 사회에서의 교육은 평생교육체제이고, 평생 동안 공부를 해야 할 아이들에게 무엇보다 중요한 것은 스스로 알아서 하는 공부 태도입니다. 부모는 스스로 공부할 수 있도록 옆에서 도와주는 역할만을 해야 합니다.

이 책에서는 스스로 공부할 수 있는 아이로 만들기 위해 부모가 할 수 있는 일을 3가지 영역으로 나누어 제시하고 있습니다. 우선 첫 번째 영역은 '환경'에 대한 것입니다. 공부를 잘하려면 모든 환경이 좋아야 한다는 것은 너무도 당연한 일이지만, 이 책에서는 책상, 의자 같은 보다 구체적인 사항들을 실례를 들어 설명하였습니다.

두 번째 영역은 '정서'에 대한 것입니다. 마음이 안정되어야 공부가 잘된다는 것도 너무도 상식적인 내용이지만, 의외로 억지로 공부를 시켜 도리어 학습의욕을 떨어뜨리는 경우를 흔히 볼 수 있습니다. 정서가 안정되지 않은 상황에서 공부를 시키는 것은 모래 위에 집을 짓는 것과 같은 이치라고 보면 됩니다. 특히 동기가 없는 아이들의 학습문제는 심각합니다. 이러한 문제를 해결하는 방안도 제시하였습니다.

다음으로 마지막 영역은 '공부방법'에 관한 것입니다.

환경도 좋고, 정서도 안정되어 있어 열심히 공부를 하는 학생들이 성적이 부진한 경우가 꽤 있습니다. 이러한 아이들은 머리가 나빠서, 혹은 기초가 부족해서라고 생각되지만 대체로 공부방법 때문인 경우가 가장 많습니다. 이 공부방법의 문제는 너무도 중요한 것인데도 불구하고 지금까지 학교도 가정도 학원도 어디에서도 학생들이 배울 수 있는 곳이 없었습니다.

공부방법은 공부를 하다보면 저절로 터득되기도 하지만 지금 같은 경쟁시대에 찾아질 때까지 기다린다는 것이 얼마나 낭비이겠습니까. 이 책에서는 부모 선에서 공부방법을 가르칠 수 있는 방법을 제시하고 있습니다. 공부방법에 관한 부분은 아이들과 함께 읽으면서 아이에 맞는 공부방법을 함께 모색해보는 것도 좋은 방법일 것입니다.

아이가 공부를 못할 때의 답답함이란 이루 말할 수가 없습니다.

다음은 답답해하는 엄마와 천하태평인 아이의 대화입니다.

"네가 공부를 못하는 이유가 뭐라고 생각하니?"

"공부를 안 하니까 못하지."

"왜 안 하는데?"

"하기 싫으니까 안 하지."

"왜 하기 싫은데?"

"그냥 싫으니까 싫은 거지."

위의 대화는 대부분의 가정에서 이루어지는 대화의 내용과 별반 다르지 않을 것입니다. 즉, 대부분의 아이들은 자기가 왜 공부하기를 싫어하는지 그 이유를 알지 못하고 그냥 싫으니까 싫다 라는 식입니다. 그러나 공부를 하기 싫어하고 공부를 못하는 데에는 분명히 이유가 있습니다. 이 책을 다 읽은 독자들은 그 이유를 막연하나마 짐작할 수 있을 것입니다. 이 책이 이러한 이해의 바탕 위에 아이의 공부를 어떻게 관리해야 될지를 파악하는데 유용한 자료가 될 수 있기를 간절히 바랍니다.

마지막에 쓴 학습치료의 평가과정은 제가 소장을 역임했고 현재는 고문으로 활동하고 있는 상담센터에서 치료를 받았던 아이들의 경우를 소개한 것입니다. 심각한 학습 부진을 보이는 아이들을 보면, 대체로 학습 자체가 문제인 경우보다는 거의가 정서문제를 수반합니다. 심리적인 문제를 해결하지 않고 학습문제만을 해결하려는 것은 근원적인 해결을 불가능하게 합니다. 특히 학습부진은 금방 누적되므로 시기를 놓치면 회복하기가 매우 어렵습니다. 과외를 시켜봐도 소용없는 아이, 아무리 잔소리를 해도 도대체 공부에 흥미를 갖지 못하는 아이들은 검사를 받아서 그 이유를 명확히 알아내어 거기에 따른 적절한 교육을 받게 해야 합니다.

이 책을 읽은 후, 어떤 내용이 우리 아이에게 해당되는가를 생각해서, 무엇을 어떻게 적용할 것인가를 결정하는 것은 순전히 부모의 몫입니다. 아이 특성에 맞지 않는 방법은 그 방법이 아무리 훌륭한 것이라 할지라도 무용지물이 되기 쉽습니다. 결국 아이가 공부를 잘하려면 자신에게 맞는 맞춤형 공부방법을 가지고 있어야 한다는 것입니다.

이 책을 읽은 다음 도움을 받았고 실제로 적용해보니 효과가 있었다는 독자들의 반응을 기다립니다. 이 책을 쓰기까지 여러 면에서 수고를 아끼지 않은 사과나무 가족들에게 감사를 드립니다.

2005년 3월

김 순 혜

차례

1등 아이 만드는 '공부환경'

1등 아이 만드는 '공부 자신감'

1등 아이 만드는 '공부 비결'

1등 아이 만드는 '학습치료'

1등 아이 만드는 공부환경

교육학자들은 아이들의 학업성취에 영향을 미치는 가정환경을 물리적 환경보다는 심리적 환경에 역점을 둔다. 심리적 환경 중 가장 대표적인 것이 부모의 양육태도이다. 부모의 양육태도 중 가장 바람직한 모습은 자율적·민주적·수용적·협동적 태도이다.

1 공부 장소에 따라 학습 효과도 달라진다

공부도 습관이다

인간의 행동은 장소와 연결되어 있다. 대체로 우리의 행동들은 그 행동이 자주 일어났던 장소와 연합이 된다. 예를 들어 화장실에서 항상 신문을 보아왔던 사람은 화장실에 갈 때면 자기도 모르게 신문이 손에 들려 있다. 소파에 앉으면 특별히 볼 것이 없으면서도 자동적으로 혹은 무의식적으로 리모컨에 손이 가서 텔레비전을 켜게 되는데, 이것 역시 소파라는 장소와 텔레비전을 시청하는 행동이 연결되어 있기 때문이다. 이렇게 하나의 장소와 하나의 행동이 연합되면 그 장소에 연합된 행동이 자동적으로 몸에 배게 되는 것이다.

이와 같은 원리는 책상이라는 장소와 공부하는 행동에도 똑같이 적용된다. 책상에서 항상 공부만 해온 학생은 책상과 공부가 연합되어, 책상에 앉으면 자기도 모르게 책을 펴게 되고 공부를 하게 된다.

공부를 좋아하는 사람은 없다. 그러나 공부를 무의식적인 습관으로 만들어 놓으면 자동적으로 공부하는 행동이 나오게 된다. 그러므로 책상 앞에 앉아 공부하는 습관을 철저하게 만들어 놓으면 학년이 올라갈수록 공부를 해나가는데 상당한 도움이 되므로 일찍부터 이러한 습관을 들여놓는 것이 중요하다.

책상에서는 공부 이외의 어떤 행동도 해서는 안 된다

초등학교 6학년인 동철이는 책상에 앉으면 문제집보다는 만화책에 먼저 손이 간다. 아들이 책상에 앉아 있는 것을 좋아하는 엄마가 동철이를 자주 책상에 앉아 있게 했기 때문이다. 책상에 앉아도 공부가 잘 되지 않던 동철이는 만화책을 보기 시작했고 그것이 습관이 되어 이제는 책상에만 앉으면 익숙한 손놀림으로 만화책을 먼저 꺼낸든다.

책상이라는 장소에 공부가 연합되려면 책상에서는 공부 이외의 어떤 행동도 하지 못하도록 해야 한다. 아이에게도 이런 점을 설명해주면서 책상에서는 공부만 하도록 지도해야 하는 것이다. 공부를 하다가 잡념이 떠오르면 얼른 책상에서 내려오도록 하고 만화책을 보고 싶을 때에도 얼른 책상에서 내려와 책상 이외의 장소에서 보게 해야 한다.

종종 엄마들이 간식을 책상 위에 놓고 나가는 경우가 있는데 이것

은 결코 바람직한 태도가 아니다. 책에 라면국물이나 김칫국물 자국
이 있는 아이치고 공부 잘하는 아이는 거의 없다. 왜냐하면 이런 아
이들은 책상에서 딴짓을 많이 했을 가능성이 높기 때문이다. 먹는
것은 밥상이나 식탁에서 먹도록 하고, 책상에서는 공부만 하도록 행
동을 분명히 구별시켜야 한다. 이런 식으로 "책상"이 "공부하는 행
동"하고만 연합되면 책상에 앉으면 자동적으로 공부하는 행동이 몸
에 배는 것이다.

책상 주위의 장애물을 제거한다

책상에서 공부만 하기 위해서는 아이들의 주의를 뺏는 것들, 딴생
각을 불러일으키는 각종 물건들을 치워야 한다. 아이들 대부분은 공
부하기를 싫어하기 때문에 책상에 앉아도 곧바로 공부를 시작하지
않는다. 책상 위에 놓여 있는 액자, 필통, 액세서리 등을 괜히 만지
작거리며 공부 시작을 늦추기도 하고, 공부를 하다가 금세 멈추고는
책상 서랍을 열고 친구에게서 받은 편지를 읽거나 친구들과 찍은 사
진을 보기도 한다.

이러한 일은 엄마가 잔소리를 한다고 해서 고쳐지지도 않고, 아이
스스로 마음을 굳게 먹는다고 해서 바뀌지도 않는다. 이렇게 사람의
의지로 고치기 어려울 때에는 주변 사람이 환경적으로 배려를 해주
는 것이 좋다. 부모가 아이 책상 위를 깨끗이 치워주는 것이 환경적

인 배려이고, 이것이야말로 아이들의 공부습관 형성에 도움이 된다. 만질 게 없어야 만지지 못할 테니까.

책상은 되도록 단순한 것으로

책상을 사줄 때는 서랍이 없는 것(싱크대 식탁 같은 종류), 컴퓨터 책상과 겸용이 아닌 것을 골라주는 게 좋다. 컴퓨터를 학습도구로 사용하는 아이들이 간혹 있지만 대부분의 아이들은 컴퓨터로 오락을 주로 한다. 컴퓨터가 진정한 학습도구가 되려면 노트필기도 컴퓨터로 하고, 교과서의 내용도 컴퓨터로 보고, 선생님의 지시사항도 전달되는 식이어야 하는데 아직 우리는 이러한 단계에 이르지 않았기 때문에 컴퓨터는 공부하는 책상과 떨어져 있어야 하는 것이다.

요사이 음란물에 대한 노출이 무방비로 일어나는 것을 볼 때, 집 안의 컴퓨터는 거실에 놓는 것이 좋다. 이러한 모든 환경적인 배려가 끝났을 때, 책상에 앉으면 아이의 눈에 보이는 것은 책과 공책뿐이게 된다. 책상 위 벽에도 공부를 격려하는 표어와 계획표를 붙이는 것 이외에는 아무것도 없어야 한다.

의자를 2개 놓는 방법도 효과적이다

책상에 앉아 공상에 잠기는 아이, 책상에 엎드려 잠자는 아이 등 책상에 앉아 공부 이외의 행동을 하는 아이들이 너무도 많다. 이를 방지하기 위해서 책상의자 옆에 또 다른 의자를 놓아주는 것도 좋은 방법이다. 공부를 하다 졸리면 일어나서 다른 의자에 앉아 잠깐만이라도 편하게 쉬도록 한다. 편하게 쉰다고 해서 침대에 눕는 것은 계속 잘 우려가 있기 때문에 다른 의자가 필요한 것이다.

요즘 선행학습으로 인해 수업시간에 자는 아이들이 많은데 책상에서 자는 것이 습관이 되어서 그런지 집에서도 옆에 침대를 놔두고 책상에서 자는 아이들이 많다고 한다. 이런 경우 되도록 빨리 편안한 의자를 책상과 침대 사이에 놓아주어 책상에서 자는 습관을 없애야 한다.

또 한가지 고려해야 할 사항은 바퀴 달린 의자를 살 때의 문제이다. 아이가 너무 산만하고 장난을 많이 친다면 바퀴 달린 의자는 가급적 피하는 것이 좋다.

책상을 사주는 시기도 신중하게 결정한다

어떤 엄마들은 책상에 앉는 습관을 일찍부터 들여놓는 것이 좋다고 생각하여 유치원 아이에게도 책상을 사줘서 아이들이 책상에서 온갖 것을 다 하게 만드는 경우가 있다. 하지만 이것은 바람직하지 않다. 유치원 때나 초등학교 저학년 때는 엄마가 옆에서 숙제나 공부를 봐주는 경우가 많으므로 상을 펴놓고 하는 것이 좋다. 그러다가 아이가 스스로 책상을 원할 때 책상을 사주는 것이 좋다. 즉 엄마들의 욕심이나 판단이 아니라 아이가 책상에서 공부하고 싶다는 생각이 들도록 유도하는 것이 좋은 것이다. 필요도 용도도 느끼지 못한 채 습관처럼 앉아 있게 해서는 안 된다는 말이다.

자기 스스로 원할 때, 책상이 생기면 책상의 소중함을 알게 되고 공부도 열심히 하고 싶어지게 마련이다. 아이가 어느 날 상이 아닌 책상에서 공부하고 싶다고 느낄 때 책상을 사주되, 책상에서는 공부 이외의 어떠한 행동도 하지 말아야 한다는 것을 꼭 다짐 받아야 한다.

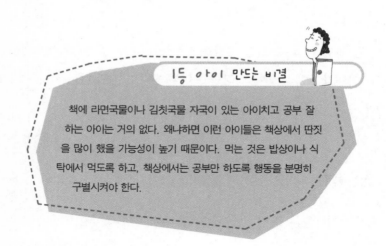

1등 아이 만드는 비결

책에 라면국물이나 김칫국물 자국이 있는 아이치고 공부 잘하는 아이는 거의 없다. 왜냐하면 이런 아이들은 책상에서 딴짓을 많이 했을 가능성이 높기 때문이다. 먹는 것은 밥상이나 식탁에서 먹도록 하고, 책상에서는 공부만 하도록 행동을 분명히 구별시켜야 한다.

2 학원에 보낼 것인가? 말 것인가?

부모의 불안한 마음이 아이를 학원으로 내몰고 있다

초등학교 6학년인 기택이 엄마는 학원비를 줄 때마다 고민이 많다. 아침에 남편이 출근하면서 만 원만 더 달라고 했을 때는 온갖 잔소리를 하고 결국 주지 않았으면서 학원비 십여만 원을 선뜻 내주면서 뭔가 잘못된 것이 아닐까 하는 생각이 든다. 사회생활을 하는 남편에게는 품위 유지비 등 많은 돈이 필요하다는 것을 알면서도 그렇게 야박하게 굴 수밖에 없는 현실이 속상하다. 더군다나 기택이 엄마를 속상하게 하는 것은 아이가 학원을 다녀도 도무지 성적이 오르지 않는 것이다.

아이가 집에서 공부하는 행동을 보면 학원에 가서도 별로 집중을 안 하고 있을 것 같지만, 집중을 안 해도 학원에 다니면 들은 풍월이라도 있을 것 같아 그만두게 할 수가 없다. 주변을 봐도 학원에 다니지 않는 아이들이 없어 우리 아이만 뒤떨어지지 않을까 하는 불안감 때문에 별로 효과가 없다는 것을 알면서도 그냥 보내고 있다.

부모들이 아이들의 공부문제 때문에 자주 의견충돌을 일으키는 것은 주로 과외비 문제이다. 대부분 사회생활에 바쁜 아빠들보다는 엄마들이 학원도 이곳저곳 알아보고 등록도 시키는 등 아이의 과외 문제를 직접 챙기게 되는데, 이런저런 사정을 모르는 아빠들은 이러한 엄마들의 모습이 달갑지가 않다.

그러나 요즘 돌아가는 형편은 엄마들 말이 맞다. 주위에 과외하지 않는 집이 없고, 학원도 한두 곳씩은 다니는 게 보통이다. 특히 초등학교 4학년이 되면 학습수준이 확연히 차이나는 시기이기 때문에 아이도 엄마도 당황하게 마련이고 그래서 더욱 학원이나 과외에 매달리는 경우가 많다. 이러한 불안은 아이보다 부모들이 더 크고 그래서 학원으로 아이들을 내몰고 있는 것이다.

과외공부가 필요한 아이들이 분명히 있다

요즈음은 부모 세대에 비해 지식정보의 팽창으로 학습량이 많아진데다 학교 진도도 빠르다. 학교 진도에 맞출 수 있는 아이는 어쩌면 학급의 절반 정도밖에 안될지도 모른다. 나머지 아이들은 학습결핍이 생기면서 더 이상 진도를 따라갈 수 없고, 공부에 흥미를 잃게 될 수 있다. 그러다보면 그런 아이들은 공부를 포기할 수밖에 없다.

수업만 열심히 들으면 된다는 얘기는 "선수학습이 결손된 아동"에게는 무의미한 얘기인 것이다. 선수학습이란 현재의 학습진도를 따라가는 데 필요한 기초학습을 말하며, 요즈음 6개월 또는 1년 이상 진도를 앞서 공부하는 선행학습과는 다르다. 그러므로 학습결핍이 누적된 아이들을 위해 필요한 것이 과외공부이다. 즉 과외학습은 부족한 것을 보충하는 수단이어야 한다.

그러나 요즘의 과외나 학원은 본래의 목적에 어긋나 있다. 학교교육으로 충족할 수 없는 부분, 특히 예체능 부분 등 소위 특기 신장교육으로 학원교육이 이루어져야 하는데, 지금의 학원교육은 순전히 학교 공부의 연장이며 목적 또한 모두 학업성적을 높이는 데에 있다. 문제는 학원교육을 소질계발, 재능교육, 부족한 학습에 대한 보충교육으로 인식하지 않고 단지 학업성적을 향상시키기 위한 필수과정으로 생각한다는 것이다.

너무 앞서 배우면 수업태도만 나빠진다

우리 아이가 중학교 2학년 때였다. 아이가 다닐 학원을 알아보려고 이곳저곳 다녔는데, 결국은 포기하고 말았다. 대부분의 학원이 1년 정도 진도를 빨리 나가고 있어서, 우리 아이의 현재 수준에 맞지 않았기 때문이다. 이러한 현상을 보면서 불안할 수밖에 없었는데 아이가 하는 얘기를 듣고 안심할 수가 있었다.

"학원에서 미리 배운 아이들은 학교에서 공부를 얼마나 잘하니?"

"아니야, 수업시간에 다들 자거나 떠들어."

학원을 다닌 아이들은 학교에서 다 아는 것을 가르치기 때문에 배울 필요가 없다고 판단한 것이다. 그런 아이들은 수업시간에 학원 숙제를 한다고 한다. 결국 학교에서 가장 중요한 것은 수업시간에 잘 듣는 것인데 그걸 다 놓치고 마는 것이다. 너무 앞서 배우는 것은 수업태도를 나쁘게 하는 주요인이 되며, 이러한 수업태도는 대학에 가서도 그대로 이어진다.

요즈음은 초등학교 입학 전에 한글은 기본이고 구구단, 한문, 영어까지 안 배우는 게 없을 정도로 미리 배우는 추세이다. 그러나 그런 아동들의 수업태도는 한결같이 나쁘다고 현직 교사들은 말한다. 처음의 나쁜 수업태도는 쉽게 습관화된다. 나중에는 바꾸려 해도 바꾸기가 어렵다. 아이들은 학교에서 대부분의 시간을 보내며 수업이 학교생활의 대부분을 차지하는데 수업태도가 나쁘면 좋은 성적은 물론 올바른 학교생활을 기대하기 어렵다.

예습 없는 과외공부는 아무런 효과가 없다

이름난 학원의 유명 강사의 강의시간에는 한 교실에 100~200명, 많게는 200~300명까지 수강생이 많다. '밑줄 쫙' 등 거의 배우를 연상시키는 강의기술에 학생들은 넋나간 듯 듣고 있지만, 집에만 오면 언제 들었느냐는 듯이 하나도 생각나지 않는다. 특히 수학과목은 강사의 설명을 들을 때는 분명히 다 아는 것 같은데 나중에 혼자 풀어보려면 도대체가 풀리지를 않는다.

학원공부를 성공적으로 하려면 미리 공부를 해서 모르는 것을 머릿속에 담고 학원에 가서 해결하는 방법을 사용해야 한다. 예습을 안 하고 그냥 학원에 가서 강사의 설명을 듣게 되면 들을 때는 아는 것 같지만 지속적으로 머릿속에 입력이 되지 않는다.

우리 아이도 1주일에 한 번 위층 언니한테 수학 과외를 했다. 아이가 1주일 동안 혼자 수학공부를 하다가 모르는 문제가 쌓이면 그것들을 과외시간에 해결하는 방식으로 하였다. 만일 아이가 수학공부를 하지 않아 모르는 문제가 준비되어 있지 않으면 그 주에는 과외를 못하게 하였다. 이렇게 해야만 효과적인 과외가 된다. 그러므로 엄마는 아이가 학원에 갈 때 모르는 문제를 준비했는지를 반드시 점검해야 한다.

들은 풍월로 문제를 해결하는 시대는 지났다

엄마들은 아이들이 허수아비처럼 학원만 왔다갔다한다는 것을 안다. 그래도 학원을 보내는 것은 뭔가 들은 풍월이라도 있을 거란 막연한 기대 때문이다. 그러나 들은 풍월로 문제를 해결하는 시대는 지났다. 요즘은 단순한 암기문제보다는 사고력을 측정하는 문제들이 대부분이다. 교과간의 벽도 매우 낮아지고, 모든 문제가 통합능력을 평가하는 방식으로 바뀌었다. 어설프게 알아서는 결코 답을 쓸 수 없는 것이다.

예전에 4지 선다형의 답지를 만들 때는 하나는 정답, 하나는 완전히 틀린 것, 나머지는 제대로 알지 못하면 그것을 정답으로 표시할 가능성이 높은 답지로 구성했다. 이것이 객관식 답안지의 특성이다. 그런데 요즘은 5지 선다형이다. 잘 모르는데 찍어서 맞추는 것을 방지하기 위해서이다. 따라서 더욱 많이 생각하고 또 생각해서 완전하게 이해하는 공부를 해야 한다.

학원에서 열심히 공부해야 할 이유를 돈으로 환산해준다

연주회장에서도 무료 관객과 유료 관객은 듣는 태도가 다르다. 자신이 돈을 지불하면 뭔가를 얻어가야 한다고 생각하는 것이 사람의 습성이다. 특하나 요즈음은 이러한 경향이 더욱 짙어지고 있다.

요즘 아이들은 예전 같지 않게 돈에 민감하다. 자신이 원하는 것을 돈으로 가늠하는데 아주 익숙한 것이다. 인라인 스케이트는 얼마고, 사고 싶은 바지는 얼마고… 관심이 온통 거기에 있으니 열심히 공부해야 할 이유를 다른 데서 찾아 설명하는 건 공허하게 들릴 수 있다. 차라리 아이에게 학원공부나 과외공부를 열심히 해야 하는 이유를 돈으로 환산해주어 보자. 하루에 얼마, 1시간에 얼마, 1분이면 얼마라고 환산해주면 아이가 깨달을 것이다. 그 돈이면 사고 싶은 인라인 스케이트도 살 수 있다는 걸 알기 때문이다. 학원공부나 과외공부에 얼마나 많은 돈을 들이는지 알면 그만큼 공부가 중요하다는 것을 비로소 느낄 것이다.

우리 아이가 과외 수업을 받던 시절, 사정이 생겨 과외를 못 하게 되면 아이가 무척 안타까워하곤 했다. 내심 기특해 했는데, 아이 하는 말이 이랬다.

"아휴, 하루에 얼만데."

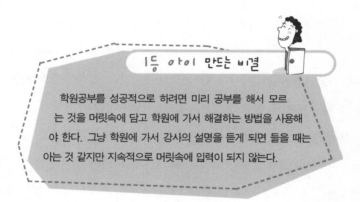

1등 아이 만드는 비결

학원공부를 성공적으로 하려면 미리 공부를 해서 모르는 것을 머릿속에 담고 학원에 가서 해결하는 방법을 사용해야 한다. 그냥 학원에 가서 강사의 설명을 듣게 되면 들을 때는 아는 것 같지만 지속적으로 머릿속에 입력이 되지 않는다.

3 우리 아이에게 맞는 공부 스타일은?

공부하는 방식은 아이들마다 다르다

중학교 3학년인 미현이는 독서실 문제로 엄마와 갈등중이다. 독서실에서 공부가 더 잘되는 것 같았던 미현이는 독서실 지정석을 끊어달라고 엄마에게 이야기했지만 엄마는 집에 멀쩡한 공부방을 놔두고 독서실에 갈 필요가 있느냐면서 반대하기 때문이다.

사실 엄마가 반대하는 이유는 미현이가 독서실 간다고 하고는 놀러 다닐까봐 걱정이 되기 때문이다. 그러나 미현이는 집에 있으면 아무래도 텔레비전도 자꾸 보게 되고 집중도 잘 안 되기 때문에 조용한 독서실에서 공부하는 것이 자신의 공부 스타일에 맞는다고 생각한다.

공부하는 방식은 여러 가지가 있지만 시간대, 공부장소, 소음의 정도, 밝기의 정도 같은 물리적 환경도 아이마다 좋아하는 조건이 다 다르다. 한밤중에 공부가 잘되는 올빼미형이 있는가 하면 새벽녘에 잘되는 종달새형도 있다. 조용하게 앉아서 공부하는 아이가 있는 반면, 열심히 중얼거리면서 공부하는 아이도 있다. 또한 음악을 들으면서 해야 잘된다는 아이가 있고 음악이 방해된다는 아이도 있다. 이처럼 아이들은 각자 자신이 좋아하는 학습양식(learning style)을 가지고 있다. 효율적으로 공부하기 위해서는 자신의 학습양식에 맞는 환경에서 공부해야 하는 것이다.

아이의 학습양식에 맞춘 공부가 효율적이다

한 번은 우리 아이에게 독서실에서 공부를 해보라고 권유했었다. 텔레비전 보는 시간이 너무 많은 것 같아 일단은 텔레비전을 못 보게 할 생각으로 제안한 것이었다. 그랬더니 아이가 말했다.

"난 떠들면서 공부해야 잘 돼. 독서실 체질이 아니야."

가만히 생각해보니 우리 아이가 공부를 할 때면 혼자 뭐라고 떠들면서 공부했던 것 같았다.(스스로 물어보고 스스로 답하는 자문자답 방법은 매우 효과적인 학습방법이다.)

얼마 전 미국에 있는 초등학교를 방문한 적이 있는데, 교실 풍경이 매우 특이했다. 몇몇 아이들이 헤드폰을 끼고 음악을 들으면서 발로 장단까지 맞추며 선생님 말씀을 듣고 있었다. 우리나라에서 수업시간에 그러고 있으면 당장 쫓겨났을 것이다. 나중에 선생님 얘기를 들어보니까, 바로 이것이 자신의 학습양식에 맞춘 학습법이라고 했다. 이곳에서는 학년 초에 학생들의 학습양식을 알아보기 위해서 '학습양식 검사'를 실시하여 어떤 환경에서 공부가 잘되는가를 파악한다고 한다. 음악을 들어야 공부가 잘되는 학생은 헤드폰을 끼게 하고, 조용해야 공부가 잘되는 아이는 되도록 교실 구석에 앉히거나 바닥에 양탄자를 깔아주어 소음을 줄여준다는 것이다.

우리 아이의 학습양식은 어떤가

학습양식에 맞춘 공부를 하게 하기 위해서 부모는 아이의 학습양식이 어떤가를 알고 거기에 맞추어주려는 노력이 필요하다. 이를 위해서는 엄마가 아이와 상의하여 효과적인 학습이 되도록 배려해주어야 한다. 다음에 제시하는 요인들은 학습양식 검사 안에 포함되어 있는 것으로서 아이와 함께 읽어 보면서 아이의 학습양식을 파악하고 그에 맞는 배려를 해주도록 하자.

◆ 소리 요인

• 나는 주위가 조용해야 공부가 잘된다.

• 나는 어떤 소리(텔레비전, 음악, 이야기 소리…)가 들리면 공부할 때 집중하지 못한다.

◐ 아이가 공부할 때 TV 소리 등이 방해가 되는지 알아볼 수 있다.

◆ 온도 요인

- 나는 공부할 때 따뜻해야 집중이 잘된다.

- 나는 공부할 때 약간 서늘하면 집중이 잘된다.

- ◎ 아이의 공부방의 온도를 어떻게 해주어야 하는지 알아볼 수 있다.

◆ 성인을 통한 동기화

- 나는 좋은 성적을 받아서 부모님을 기쁘게 해드리고 싶다.

- 부모님은 내가 학교에서 어떻게 지내고 있는지 관심이 많다.

- 내가 학교에서 공부를 잘하고 있는지 아무도 나에게 신경을 써주지 않는다.

- ◎ 부모가 자신의 공부에 대해서 관심을 갖는 것을 좋아하는지, 아니면 귀찮아 하는지를 알아볼 수 있고, 또한 성적에 대해 칭찬을 해주는 것을 얼마나 좋아하는지 알 수 있다.

◆ 지속성 요인

- 내가 해야 할 일을 끝까지 마무리 짓지 못할 때가 자주 있다.

- 나는 숙제를 하지 않은 적이 거의 없다.

- 나는 시작한 일을 마무리 짓기도 전에 새로운 일을 벌이고 싶을 때가 자주 있다.

- ◎ 공부를 할 때에 마무리를 도와주어야 하는지, 또는 마무리 능력을 키워줄 필요가 있는지를 알 수 있다. 마무리 능력을 키우는 방법은 과제를 할 때, 시간을 정해주어 시간 내에 완성하는 습관을 들여 준다.

◆ 구조화

• 내가 무엇을 어떻게 공부해야 하는지 명확하게 이야기해주기를 바란다.

• 나는 교과서보다는 일목요연하게 정리된 노트나 참고서로 공부하기를 좋아한다.

• 나는 공부할 내용을 누군가가 일일이 설명해주어야 쉽게 배운다.

➲ 구조화된 환경에서 공부가 잘되는 아이는 계획표에 따라서 정해진 양을 하는 것을 좋아하며, 옆에서 하나하나를 상세하게 가르쳐주는 것을 좋아한다. 그러나 구조화된 학습을 싫어하는 아이는 주변의 개입이 모두 공부에 방해가 되기 때문에 되도록 혼자 알아서 하도록 하는 것이 좋다.

◆ 조명 요인

• 나는 공부할 때 방의 큰 불은 끄고 부분조명인 스탠드를 켜놓고 할 때가 좋다.

• 나는 되도록 밝게 해놓고 공부한다.

➲ 아이 책상 위에 부분조명을 해줄 것인가를 알아볼 수 있다.

◆ 디자인 요인

• 나는 책상에서 해야 공부가 잘된다.

• 나는 공부할 때 푹신하고 편안한 의자에 앉아서 하는 것이 좋다.

• 나는 공부할 때는 딱딱한 의자에 앉는 것이 좋다.

• 나는 편안히 엎드리거나 누운 자세로 공부하는 것이 좋다.

➲ 디자인 요인은 아이의 선호와 상관없이 책상에 반듯하게 앉아서 하도록 하고, 그 대신 의자에 대한 선호는 고려해주도록 한다.

◆ **교사를 통한 동기화**

　• 선생님께서 나를 자랑스럽게 생각했으면 한다.

　• 내가 공부를 잘하면 선생님은 기분이 좋으실 것이다.

　• 내가 공부하는 것을 선생님께서 점검해주시는 것이 좋다.

　◑ 아이가 선생님에 대해서 어떠한 생각을 가지고 있는지를 알아보고 선생님의
　　칭찬이나 격려가 아이에게 큰 힘이 된다는 것을 선생님께 말씀드리자.

◆ **책임감**

　• 내가 해야 할 일을 잊어버리지 않도록 누군가가 자주 말해주어야 한다.

　• 나는 누개(선생님, 부모…) 시킨 일을 잊어버리지 않는다.

　• 나는 하라고 지시받은 일을 자주 잊어버린다.

　◑ 자신에게 부과된 일에 대해 책임감이 약한 아이는 단순하게 시키고 반복적으
　　로 일러주는 것이 좋다.

◆ **혼자서/친구와**

　• 나는 혼자 공부하는 것을 좋아한다.

　• 나는 한두 명의 친구와 함께 공부하는 것을 좋아한다.

　• 나는 혼자 공부하기도 하지만 친구들과 함께 공부하는 것도 좋다.

　◑ 혼자 공부하는 것보다 함께 공부하는 것을 좋아하는 아이라면 친구와 서로 선
　　생님이 되어 가면서 공부를 하면 효과적이다.

◆ 시각 선호

- 누구의 설명을 듣는 것보다 내가 읽으면서 공부하는 것이 기억에 오래 남는다.
- 나는 글보다는 사진이나 텔레비전에서 본 것을 더 잘 기억한다.
- 나는 새로운 것을 배울 때, 말로 듣는 것보다 눈으로 읽는 편이 낫다.

◗ 들으면서 공부하는 것보다, 보면서 공부하는 것을 좋아하는 아이에게 카세트 테이프로 공부를 시키는 것은 효과가 떨어진다. 되도록 비디오를 활용하는 것이 좋다.

◆ 청각 선호

- 나는 새로운 내용을 배울 때 설명을 듣는 편이 낫다.
- 나는 보거나 만지는 것보다는 귀로 들었을 때 기억이 잘된다.

◗ 청각 선호 아이는 수업시간에 선생님의 설명만으로 학습효과를 볼 수 있는 아이이다. 이러한 아이는 학원수업도 효과를 볼 수가 있다.

◆ 촉각 선호

- 나는 설명을 듣거나 슬라이드를 보는 것보다 내 손으로 직접 만들어보고 확인해 보아야 더 잘 알 수 있다.
- 나는 그림을 그리거나 도안하는 것을 참 좋아한다.

◗ 촉각 선호 아이는 선생님의 설명만으로는 잘 이해가 되지 않기 때문에 되도록 실험 위주의 공부를 하는 것이 좋다.

◆ 시간대

- 나는 아침에 공부가 잘된다.

- 나는 이른 아침에 공부할 때 기억이 가장 잘된다.

- 나는 저녁때 머리가 맑아져서 공부가 잘된다.

- 나는 점심시간 바로 전에 가장 공부가 잘된다.

  ◐ 아이가 언제 공부를 해야 공부가 잘되는지를 알아보는 것은 대단히 중요하다. 부모의 선호시간대에 아이를 억지로 꿰어 맞추려고 하지 말고 아이가 좋아하는 시간대에 공부를 하게 하면 효율성이 훨씬 높아진다.

이 외에도 많은 학습양식의 요인들이 있지만 부모의 선에서 배려해줄 수 있는 것들만을 제시한 것이다.

아이가 독서실 체질이라면 집 안에 독서실을 만들자

아이들이 독서실을 다닐 때, 부모들이 가장 염려하는 것은 아이가 딴짓이나 하지 않을까 하는 것이다. 특히 독서실이 이성교제의 장소가 되지 않을까 걱정스럽다. 그러나 부모가 관심을 갖고 적절히 대처하면 충분히 방지할 수 있다. 독서실에는 대부분 관리하는 사람이 상주하고 있다. 아이의 행동이 의심스러우면 관리하는 사람과 유대를 갖고 아이를 감독해줄 것을 부탁해보자. 아이가 독서실에 몇 시에 오고 몇 시에 나갔는지, 또는 누가 찾아왔는지를 기록해달라고 한다. 하지만 너무 까다롭게 구는 독서실은 아이들이 가기 싫어해서 아이들을 느슨하게 다루는 독서실이 많으므로 엄마가 특별히 부탁 하는 것이 좋다.

아무리 아이가 독서실 체질이라도 독서실에 다니는 비용이 만만 치 않기 때문에 다른 방법을 생각해볼 필요가 있다. 바로 집안에 독 서실을 만드는 것이다. 우선 아이의 책상과 독서실의 책상을 비교해 보자. 독서실 책상은 칸막이가 있고 책 이외에는 별다른 것이 없는 데 비해, 아이의 책상에는 잡다한 물건들이 가득한 것이 보통이다. 그러한 것들이 아이의 주의 집중을 방해하므로 말끔히 치워주어야 한다. 책상 위에는 책만 놓게 하고 두꺼운 종이로 칸막이를 해주는 것도 좋다.

공상이 많은 아이는 독서실에 다녀서는 안 된다

우리 인간은 조용한 공간에 있으면 생각에 잠기는 경우가 많다. 이때 어른과 아이는 생각하는 게 다르다. 어른은 현재 부닥친 어려 운 문제들을 고민한다면, 아이들은 미래에 대한 생각, 즉 공상을 많 이 한다. 공상은 상상력을 풍부하게 하지만 공부하는 데에는 최대의 적이다. 공상하기 좋아하는 아이들은 조용한 독서실에 앉아 있으면 멍하니 앞을 응시하면서 공상의 나래를 펴기 쉽다. 아이가 공상을 하지 않으려면 다음과 같이 해야 한다.

우선 공상이 시작되자마자 곧바로 자세를 바꾼다. 의자에서 일어
난다든가, 잠시 나갔다 온다든가 해서 공상에 깊이 빠지지 않도록
한다. 한번 공상에 빠지면 헤어나기가 어렵기 때문이다. 그러므로
공부하다 딴생각이 들면 곧바로 몸을 움직여야 하는 것이다.

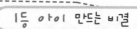

1등 아이 만드는 비결

공부하는 방식은 여러 가지가 있지만 시간대, 공부장소, 소
음의 정도, 밝기의 정도 같은 물리적 환경도 아이마다 좋아하는
조건이 다 다르다. 효율적으로 공부하기 위해서는 자신의 학습
양식에 맞는 환경에서 공부해야 하는 것이다.

4 교사의 기대가 아이의 성적을 좌우한다

교사의 편애는 학생에 대한 기대가 다르기 때문이다

이번에 초등학교에 입학한 윤영이는 학교에 다녀오면 항상 시무룩해하는 모습이다. 그 모습이 걱정되어 엄마가 윤영이에게 그 이유를 물어보니 선생님이 자신은 발표를 시켜주지 않아서라고 한다. 아이는 발표를 해서 칭찬을 받고 싶은데 선생님이 시켜주지 않는다는 말이었다. 윤영이 엄마는 자신이 학교를 찾아가지 않고 신경을 써주지 못해서 그런 것은 아닌지 걱정이 되었다.

간혹 언론에 발표되는 비인격적인 교사들은 극소수에 불과하고 대부분의 모든 교사들은 아이들을 사랑하면서 열심히 가르치는 훌륭한 선생님들이다. 아마도 아이들을 공평하게 대해야 한다고 생각하지 않는 교사는 없을 것이다.

그러나 교사 자신도 모르게 아이들을 다르게 대할 수는 있다. 그 이유 중 대표적인 것이 '교사의 기대효과'이다.

교사의 기대효과란 교사가 잘할 것으로 기대하는 학생은 실제로 성적이 오르고, 잘하지 못할 것으로 기대하는 학생은 실제로도 성적이 떨어지는 현상이다.

로젠탈과 제이쿱슨의 연구는 이러한 기대효과를 실증해 보인 것으로 잘 알려져 있다. 이들은 새 학년의 학급담임이 된 선생님에게 '지능이 높아서 성적이 향상될 아이'의 명단을 주었다.

그리고 이들 학생은 전년도에 실시한 검사결과를 통해 선택된 아이들이라고 말했다. 그러나 실제로는 무작위로 뽑은 학생들이었다. 따라서 명단에 오른 학생이나 오르지 않는 학생이나 지적 능력에는 차이가 없었다.

그러나 8개월 후, 명단에 오른 학생들과 오르지 않은 학생들의 성적 차이를 보니 놀라운 결과가 나타났다. 명단에 오른 학생들은 명단에 오르지 않은 학생들보다 성적이 월등히 높게 나타났던 것이다. 특히 초등학교 1학년과 2학년에서 그 차이가 두드러졌다. 이러한 연구결과는 교사가 기대한 대로 학생들의 성적이 나타난다는 것을 보여준다.

교사의 기대에 따라 아이들과의 상호 작용이 달라진다는 연구결과를 보면, 공부를 잘할 것으로 기대한 학생이 질문에 답을 못할 때는 할 수 있을 때까지 기다려주는 반면, 공부를 못할 것으로 생각한 학생이 질문에 답을 못할 때는 기다려주지 않고 곧바로 다른 아이를 지적한다는 것이다. 또는 공부를 못할 것으로 생각한 학생과는 눈맞춤, 미소 같은 상호 작용을 별로 하지 않는다는 것도 관찰되었다.

이와 같이 교사의 기대에 따라서 학생에 대한 차별적 행동이 나오며, 이는 학생의 성취동기에 영향을 미치고 결국은 성적까지도 좌우한다는 것을 알 수 있다. 교사가 공부를 못할 것 같은 아이에게는 답을 할 때까지 기다려주지 않거나, 또는 답을 알 것 같은 아이만 지명하는 것은 어쩌면 학생들에 대한 배려일 수도 있다. 하지만 용케도 아이들은 이러한 차별적인 행동을 눈치채면서 좋지 않은 영향을 받는 것이다. 그러나 앞에서도 말했듯이 이러한 현상은 교사 자신도 의식하지 못하는 사이에 나타나기 때문에 교사를 무조건 비난하는 것은 옳지 않다.

초등학교 저학년 때는 부모와 교사의 긴밀한 유대가 필요하다

대개 어머니들은 아이가 초등학교 1학년 때 학교를 많이 찾아간다. 자기 아이에게 선생님이 무관심하고 칭찬에 인색하면 아이는 처음부터 자신감을 잃게 될지도 모르고, 그렇게 되면 앞으로 학교생활을 잘해 나갈 수 없을 것이라고 생각하기 때문이다. 어느 정도 일리가 있는 얘기이다.

앞에서도 언급했듯이 교사의 영향을 가장 크게 받는 시기는 초등학교 1,2학년 때이다. 그렇다고 우리 아이에 대한 교사의 기대를 높이기 위해 촌지를 준비해서 학교를 자주 찾아가는 것이 결코 좋은 방법은 아니다.

한 가지 제안하자면 알림장이나 일기장을 통해서 자주 선생님에게 짧은 편지를 쓰는 것이다. 현재 아이의 상태, 궁금한 점, 바라는 점 등을 자세히 써서 선생님께 드리면, 아이에 대한 교사의 관심은 높아질 수밖에 없기 때문이다.

특히 초등학교 저학년 때는 아이의 능력이 완전히 드러나지 않는다. 때로는 발달이 더딘 아이도 있다. 이런 아이를 보면서 교사는 '공부를 못할 것 같은 아이'로 생각하기 쉽다. 이럴 때 엄마가 아이의 장점 등을 짧은 글로나마 알려주면 교사의 기대를 긍정적인 방향으로 돌릴 수 있는 것이다.

초등학교 저학년 때 아이들이 가장 민감하게 생각하는 것은 선생님의 차별적인 행동이다. 아이들은 수업시간에 선생님이 누구를 많이 시키는지 항상 관심을 가지고 지켜보면서 누구를 편애하는가를 눈여겨본다. 이러한 현상은 외국에서도 마찬가지이다. 그러므로 외국의 교사들은 아이들을 공평하게 대하는 방법을 끊임없이 연구해낸다.

예를 들면 학생들의 이름이 적힌 나무막대를 통 속에 넣고 흔들어서 하나를 뽑아 지명하는 방법이다. 다음에 지명할 때 한 번 뽑힌 막대도 다시 통 속에 넣어야 한다. 뽑힐 확률을 고르게 하기 위해서, 그리고 계속적으로 집중시키기 위해서이다. 한 번 뽑힌 막대를 치우고 나머지로만 흔들면, 발표한 아이들은 더 이상 집중하지 않기 때문이다.

1등 아이 만드는 비결

교사의 기대효과란 교사가 잘할 것으로 기대하는 학생은 실제로 성적이 오르며, 잘하지 못할 것으로 보는 학생은 실제로도 성적이 떨어지는 현상이다. 교사의 기대효과를 높이기 위해서 아이의 장점 등을 알림장이나 일기장을 통해서 선생님에게 짧은 글로 알려드리는 것도 좋은 방법입니다.

5 부모가 믿어주는 만큼 아이는 보답한다

기대한 대로 이루어진다

어느 집에 삼형제가 있었다. 삼형제 모두 남자답게 생겨 인물이 아주 좋았다. 그런데 그 집에 가면 좀 특이한 모습을 볼 수 있었다. 아들 셋의 방이 각각 따로따로인데 유독 둘째의 방이 다른 형제의 방보다 크고 좋았던 것이다. 형보다 동생의 방이 큰 것이 이상해서 그 어머니에게 이유를 물어보았다.

그 어머니의 말씀인즉, 어릴 때 아들들의 사주를 봤더니 둘째아들의 사주가 범상치 않다고 하면서 아주 큰 인물이 될 거라고 점쟁이가 말했다는 것이다. 그래서 그런지 어릴 때부터 둘째아들에게는 괜찮은 면이 많이 보였다고 한다. 따라서 둘째아들에게 더 많은 관심과 애정이 갔고 더군다나 다른 형제들도 둘째에 대한 특별대우를 당연하게 여겼다는 것이다. 마침내 둘째아들은 다른 형제들에 비해 훨씬 더 좋은 명문 대학에 들어가게 되었다는 것이다. 너무도 이해할 수 없는 얘기였다.

이것은 실제로 있었던 일이다. 나는 이 얘기를 듣고 기가 막혔다. 만일 점쟁이가 셋째아들이 큰 인물이 될 거라고 했다면 어떤 결과가 나왔을까? 아마도 일류 대학을 간 아들은 셋째아들이었을 것이다.

속담에 "기대한 대로 된다"는 말이 있다. 괜찮은 사람이 될 거라고 기대하는 아이는 잘되게 되어 있다는 말이다. 엄마는 자신의 머릿속에 있는 생각, 즉 '이 아이는 괜찮은 아이야'라는 것과 일치되는 모습만을 보기 때문이다. 괜찮을 거라는 기대를 받는 아이도 결국 "아이"이기 때문에 좋은 행동, 나쁜 행동, 똑똑한 행동, 바보 같은 행동 등 여러 행동을 할 것이다. 그러나 엄마에게는 그런 행동 중에서 좋은 행동과 똑똑한 행동만이 눈에 띄게 되고 결국 더 많은 칭찬을 하게 된다. 칭찬을 많이 받는 아이는 자신감이 붙어서 더 잘할 수밖에 없는 것이다.

지금까지의 얘기와 전혀 반대되는 경우를 생각해보자. 어머니가 점쟁이를 찾아갔더니 둘째아들은 머리가 나빠 밥 빌어먹기도 어려운 사주를 타고났다고 했다. 그후로 어머니 눈에는 둘째아들의 바보 같은 행동만 띄게 된다. "그러면 그렇지, 하는 짓이 싹수가 없어." 어쩌다 둘째아들이 똑똑한 행동을 하면 "어쭈, 제법인데, 굼벵이도 기는 재주가 있다더니"라고 말할지도 모른다.

이렇게 되면 아이는 칭찬받을 기회가 없다. 칭찬을 받지 못한 아이는 스스로 존중할 줄 모르며 자신을 부정적으로 보게 된다. 낮은 자존심이나 부정적 자아개념이 공부를 못하게 만드는 것은 당연한 일일 것이다.

위의 예가 조금은 극단적이었을지 몰라도 기본 원리는 마찬가지이다. "자신이 기대한 대로 본다. 자신의 생각과 일치하는 행동만 보인다"라는 인간의 기본적 속성이 한 사람을 성장시킬 수도 있고 망칠 수도 있는 것이다.

아직도 우리 주위에는 태어나자마자 아이의 사주팔자를 보는 사람이 있다. 이러한 행동은 결코 해서는 안 된다. 원래 제대로 배운 점쟁이라면 18세 이하 미성년의 점은 치지 않는다. 미리 자신의 운명을 아는 것이 별로 도움이 되지 않을 뿐만 아니라 아이의 사주팔자를 미리 알면 부모에게 선입관이 심어져 오히려 좋지 않은 결과가 나올 수 있기 때문이다.

아이를 신뢰하면 아이의 좋은 모습만 보인다

아이들이 가장 싫어하는 것이 엄마의 잔소리이다. 엄마들조차도 잔소리로 아이를 변화시킬 수 없다는 것을 알면서도 끊임없이 잔소리를 하게 된다. 잔소리를 그만두는 가장 확실한 방법은 아이를 신뢰하는 것이다. 아이를 믿으면 사사건건 간섭할 필요가 없고, 그러면서 아이는 점차로 독립적, 자율적으로 되면서 괜찮은 아이가 된다. 아이에 대한 신뢰는 처음에는 무조건적이어야 한다. 아이가 하는 행동에 따라서 믿고 안 믿고가 아니라 무조건 믿고 보는 것이다.

아이를 신뢰하는 방법에는 여러 가지가 있지만, 태어나면서부터 아이를 긍정적으로 보려고 노력하는 것이 바람직하다. 순진한 방법이긴 하지만 아이의 손금에서 특이한 점을 발견하려고 하거나, 태몽을 확대 해석하는 등 아이를 나름대로 괜찮게 생각하려고 노력해보자. 또한 아이의 잘하는 행동은 눈을 크게 뜨고 보고, 잘 못하는 행동을 할 때면 눈을 반쯤만 뜨고 웬만하면 넘어가 주는 태도도 엄마의 머릿속에 '내 아이가 괜찮은 아이'라는 생각을 심어주는 데 도움이 된다(그렇다고 버르장머리 없는 아이로 키우라는 것은 아니다).

예를 들어 아이가 말을 할 때 괜찮은 아이니까 괜찮은 말을 하겠지 하고 기대하면서 들으면, 특이한 말, 영특한 말들이 엄마의 귓속으로 들어오게 된다. 아마도 다른 사람들 같으면 그냥 지나치기 쉬웠을 것이다. 그러다보면 자연히 아이는 말을 잘하는 아이가 된다.

부모의 지나친 기대는 아이에게 스트레스를 준다

아래의 편지는 한 학생이 카운슬러에게 보낸 것이다. 편지의 내용이 재미있고 많은 아이들이 공감하는 내용인 것 같아 인용해 보았다.

선생님, 저는 중학교 3학년 남학생입니다.

저는 우리 집에서 장남이고 여동생이 있습니다. 우리 부모님은 아들과 딸을 편애하시지는 않습니다. 제 동생과 저는 똑같이 사랑받고 있다고 생각합니다. 그런데 제 동생과 다르게 대하는 면이 있는데, 그것은 부모님의 기대입니다. 부모님께서는 제가 똑똑하다는 환상에서 벗어나질 못하십니다. 제 성적표를 보면 현실을 아실 텐데 왜 그러는지 이유를 모르겠습니다. 어른들 얘기를 들어보면 제가 어릴 때 무척 영특했답니다. 거기다가 초등학교 때는 공부를 곧잘 했거든요. 그래서인지 저에게 너무 높은 기대를 갖고 계시는 것 같습니다. 사실 초등학교 때 공부 못한 아이가 어디 있습니까? 또 어렸을 때 영특하지 않은 아이가 어디 있습니까? 부모님께서 빨리 꿈에서 깨셔야 할 텐데 제가 너무나 부담스럽습니다. 이렇게 부담이 크니까 공부를 하려면 먼저 걱정이 앞섭니다. 잘못하면 어쩌나, 성적이 잘못 나오면 어쩌나 하면서 걱정을 많이 하다 보니 마음만 불안하고 능률이 오르지 않습니다.

선생님,

제발 우리 엄마에게 꿈을 깨라고 해주세요.

이처럼 부모의 지나친 기대와 관심도 아이에게 스트레스가 된다는 걸 잘 보여주고 있다. 뭐든지 지나친 것은 부족한 것만 못하다.

아이에 대한 기대와 관심은 눈에 보이지 않아야 한다

얼마 전에 고등학교 2학년 여학생의 상담을 받은 적이 있었다. 가슴이 답답하고 항상 불안해서 잠도 안 오고 식욕도 떨어져 기운이 없으며, 도무지 공부할 기력이 없다는 것이었다. 얘기를 죽 들어보니까 매우 큰 중압감에 시달리고 있었다. 그 학생은 이렇게 속마음을 털어놓았다.

"저 좋은 대학에 들어가지 못해도 괜찮아요. 그러나 만약 제가 좋은 대학에 들어가지 못하면 여러 명이 드러누울 거예요. 그 중에서도 낙담하고 절망하는 엄마의 모습은 상상조차도 하기 싫어요. 평소에도 제가 집에 들어가면 식구들은 텔레비전도 볼 수가 없어요. 공부하는 데 방해된다고 텔레비전 소리는 물론 모든 식구들이 숨소리도 내지 않고 조용히 있지요. 밤늦게 공부하고 있으면 엄마가 뜨개질감을 들고 공부방으로 들어와서 제가 잘 때까지 옆에 계세요. 지극정성으로 저를 위하는 엄마에게 고마워해야 하는데, 그것이 짜증나고 부담스럽게만 여겨져요. 그렇게 생각하는 제가 미워서 스스로 질책도 하고요."

아이에게 지나치게 부담을 주는 것은 결코 도움이 되지 않는다. 편안하고 자연스러운 분위기에서 공부해야 효율적이다. 사람은 스트레스를 받으면 뇌 속에서 화학물질이 지나치게 많이 분비되어 사고회로가 막혀 원활한 두뇌활동을 하기가 어렵다. 아이를 진정으로

위한다면 눈에 보이는 관심을 접고 눈에 보이지 않는 관심과 배려를

베풀어야 할 것이다.

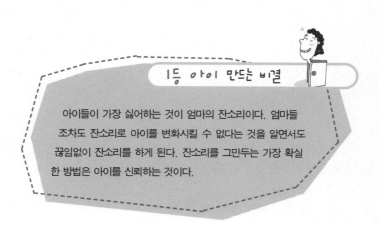

1등 아이 만드는 비결

아이들이 가장 싫어하는 것이 엄마의 잔소리이다. 엄마들
조차도 잔소리로 아이를 변화시킬 수 없다는 것을 알면서도
끊임없이 잔소리를 하게 된다. 잔소리를 그만두는 가장 확실
한 방법은 아이를 신뢰하는 것이다.

6 부모의 태도가 아이의 성적에 영향을 준다

아이의 심리적 환경은 부모의 양육태도에 달려 있다

우리는 비행청소년을 보면 먼저 그 아이의 가정환경이 어떤가를 알아본다. 부모가 이혼하지는 않았는가, 가정의 경제적 수준은 어떠한가 등을 알아보면서 가정환경 때문에 아이의 행동이 나빠졌다고 생각한다.

이와 마찬가지로 학업성취의 차이, 즉 어떤 아이는 공부를 잘하고 어떤 아이는 공부를 못하는 차이도 아이의 가정환경과 관계가 있다. 학업성취의 차이를 아이의 가정환경과 관련지어 설명하는 많은 연구결과를 보면 가정환경의 영향을 무시할 수 없다. 가정환경이란 우선 부모의 유무, 형제의 수, 부모의 연령·직업·학력·경제적 수준 등의 "물리적 환경"을 들 수 있는데 이러한 물리적 환경이 아이의 학업성취에 영향을 미치는 것도 사실이다.

그러나 물리적 환경은 우리가 통제할 수 없는 것이다. 집안의 경제적 수준이 높으면 아이가 공부를 잘한다는 연구결과가 나왔다 한들 어쩔 수가 없다는 것이다. 아이가 공부를 잘하게 하기 위해서 경제수준을 높여줄 수도 없기 때문이다.

따라서 교육학자들은 아이들의 학업성취에 영향을 미치는 가정환경을 물리적 환경보다는 심리적 환경에 역점을 둔다. "심리적 환경"이란 부모 자식 간의 심리적인 상호 작용이 어떤가를 알아보는 것이다. 다행히도 물리적 환경보다는 심리적 환경이 아이들의 학업 성취에 더 많은 영향을 준다는 연구 결과가 나와 있다. 심리적 환경 중 가장 대표적인 것이 부모의 양육태도이다.

민주적이고 자율적인 양육태도가 아이를 건강하게 만든다

부모의 양육태도는 거부도 아니고 지배도 아니며, 과보호도 아니고 복종도 아닌 중간을 취하는 태도가 가장 바람직하다.

쉐퍼라는 학자는 4가지의 양육태도를 제시하고 있는데 애정적이면서 자율적 태도, 애정적이면서 통제적인 태도, 자율적이면서 적대적인 태도, 마지막으로 통제적이며 적대적인 태도이다. 쉐퍼의 4가지 양육태도의 특징은 다음과 같다.

1) 애정적-자율적 태도

부모가 자녀에게 자율적, 민주적, 수용적, 협동적인 태도를 갖는 것을 말한다. 이러한 태도의 부모는 자녀에게 관심을 갖고 함께 대화를 나누며, 자녀의 의사를 존중하므로 독단적인 의사결정을 피한다.

2) 애정적-통제적 태도

무조건적인 사랑의 양육태도로 애정을 주면서 자녀의 행동에 많은 제약을 주는 태도이다. 이러한 부모는 자녀의 행동범주를 결정하고, 자녀가 극복해야 할 어려움도 부모가 대신 해주어야 한다고 믿으며 자녀를 소유물로 생각한다. 그 자녀는 독립적으로 행동할 때 좌절감을 느끼며, 새로운 탐색을 제한당하기 때문에 새로운 반응이나 습득의 기회를 놓치게 된다.

3) 자율적-적대적 태도

자녀를 사랑으로 수용하지 못하고 거부하는 동시에 자녀가 하는 일에 간섭하지 않으며 마음대로 행동하도록 내버려두는 방임의 양육태도이다.

4) 통제적-적대적 태도

독재적인 양육태도로 자녀에게 관대하지 못하고 자녀의 행동에 대해 항상 처벌이나 통제로 규제하는 태도이다.

위와 같은 쉐퍼의 4가지 유형 중 어떠한 양육태도가 바람직한가는 누가 보아도 알 수 있다. 당연히 첫 번째의 애정적-자율적인 양육태도이다.

최근에 한 연구자가 밝힌 결과를 보면, 한국의 부모들은 독재적, 과보호적 유형이 많고, 서구의 부모들은 민주적 유형이 많으며 비행청소년의 부모는 대체로 방임적 유형으로 나타나고 있다고 한다. 우리 부모님들도 방임형과 과보호형이 나쁘다는 것은 이미 알고 있다. 사랑과 관심을 주지 않고 아이를 그저 방관해놓는 방임형이나, 무조건 받아주기만 하고 통제할 줄 모르는 과보호형은 건강한 아이로 자라게 할 수 없다.

강압적인 부모는 권위를 가질 수 없다

초등학교 6학년생인 상준이는 자신의 아빠를 독재자라고 생각한다. 상준이의 아빠는 굉장히 엄격하고 규율을 좋아하는 사람이라 가족들에게 스스로 정한 규칙을 지키도록 강요하기 때문이다. 상준이는 정해진 시간에만 텔레비전을 보고 정해진 대로 새벽 6시에 일어나서 아침운동을 해야 하는 것이 너무나 괴롭다.

상준이의 아빠 쪽에서 보면 아이들에게 엄격한 것이 좋은 부모의 태도라고 생각할 수 있지만, 자칫 독재형으로 보이기 쉽다. 아이와 협의하지 않고 독단으로 자신의 규칙대로 강요하는 것은 아이에게 적대감만을 심어줄 뿐, 아빠로서의 권위를 잃게 한다.

"권위가 있다"는 말과 "권위적이다"라는 말은 차이가 있다. 권위가 있다는 것은 민주형의 부모로 그들은 아이를 진심으로 사랑하고 존중하지만 아이의 고집에 절대 복종하지 않고 정해놓은 규율에 대해서는 엄격하다. 또는 자녀를 허용하지만 적절한 한계가 있어 훈육과 애정이 잘 결합되어 있다. 반면에 권위적인 부모는 카리스마가 강해서 무조건 무섭기만 한 부모를 말한다. 자식에게 애정은 별로 주지 않고 부모가 일방적으로 정한 규율을 맹목적으로 강요하는 것이다.

한 연구에 따르면 민주형 부모 밑에서 자란 아이와 독재형 부모 밑에서 자란 아이는 여러 면에서 상당히 다르다고 한다. 아이들이 유치원생일 때 부모의 양육태도를 조사해놓고 이 아이들이 15년 후에 어떻게 되었는가를 추적 조사했더니, 민주형 부모 밑에서 자란 아이들이 인지적 능력과 사회적 기술이 두드러지게 높게 나타났다. 이러한 차이는 남자아이들에게서 더 뚜렷하게 나타났다.

스스로 공부하는 아이는 자율적인 가정환경에서 만들어진다

가정환경의 심리적 요인과 아이들의 학업성취와의 관계를 알아본 많은 연구들은, 수용적이고 자율적인 가정환경에서 생활하는 아이들이 스스로 동기부여가 되어 시키지 않아도 공부를 하며, 자신의 행동에 대한 책임감도 강하여 공부를 잘하는 것으로 나타났다. 공부는 누가 시켜서 되는 것도 아니고 스스로 알아서 해야 되는데, 이를 위해서는 평소에 아이에게 자유와 자율을 강조하여 양육을 하는 것이 중요하다.

다음은 "나는 어떤 부모인가?"를 알아보는 검사이다. 이 검사는 부모가 아니라 아이가 작성하는 것이다. 아이가 판단한 부모의 태도가 실제의 양육모습이기 때문이다. 아이가 평소 느낀 부모에 대한 생각을 토대로 자신의 양육태도를 점검하는 기회를 갖도록 하자.

가정환경 검사

〈응답요령〉

'거의 그렇다' 고 생각하면	4번	1	2	3	④
'대체로 그렇다' 고 생각하면	3번	1	2	③	4
'대체로 아니다' 고 생각하면	2번	1	②	3	4
'전혀 아니다' 고 생각하면	1번	①	2	3	4

* 표시방법은 ○표를 하면 됩니다.

	전혀 아니다	대체로 아니다	대체로 그렇다	거의 그렇다
1. 나를 너무 어린애 취급하신다.	1	2	3	4
2. 나의 말에 귀를 기울이신다.	1	2	3	4
3. 내게 창피를 주거나 비웃기도 하신다.	1	2	3	4
4. 가족회의에서 자녀들이 의견을 제시하도록 권장하신다.	1	2	3	4
5. 성적이 조금이라도 떨어지면 야단을 치신다.	1	2	3	4
6. 친구들을 집으로 데려오는 것을 좋아하신다.	1	2	3	4
7. 나를 무섭게 대하신다.	1	2	3	4
8. 내가 쓸 물건은 내가 사도록 한다.	1	2	3	4
9. 친구들 집에 놀러 다니는 것을 엄격히 금하신다.	1	2	3	4
10. 나의 비밀도 이야기할 수 있을 만큼 너그러우시다.	1	2	3	4
11. 화가 나셨을 때 나를 심하게 벌하신다.	1	2	3	4
12. 친구 사귀는 것에 대해 간섭하시지 않는다.	1	2	3	4

13. 등교나 외출할 때 복장에 대해서 일일이 간섭하신다.	1	2	3	4
14. 내가 잘한 일이 있을 때는 자랑스럽게 느끼도록 해주신다.	1	2	3	4
15. 남들에게 내 칭찬을 하신다.	1	2	3	4
16. 스스로 생활계획을 세우고 실천하도록 지도하신다.	1	2	3	4
17. 내가 어른들의 대화에 끼여드는 것을 못하게 하신다.	1	2	3	4
18. 나에게 늘 다정하고 따뜻하게 말씀하신다.	1	2	3	4
19. 내가 하는 일에 대해서 관심이 적다.	1	2	3	4
20. 내가 하는 일에 간섭할 때가 많다.	1	2	3	4
21. 내가 하는 모든 일에 관심을 갖고 계신다.	1	2	3	4
22. 내가 말썽을 부리지 않는 이상 나에게 신경 쓰지 않으신다.	1	2	3	4
23. 일상생활에서 "~하지 마라"보다 "~해보라"는 말씀을 자주 하신다.	1	2	3	4
24. 나에게 "~안 돼" 또는 "~안 된다"의 말씀을 자주 하신다.	1	2	3	4

	1	2	3	4
25. 내가 부모님의 잘못된 일을 비판해도 받아주신다.	1	2	3	4
26. 내 일에 대해서 잊어서는 안 될 일도 잊어버리곤 하신다.	1	2	3	4
27. 내가 하고 싶은 일을 하도록 내버려 두신다.	1	2	3	4
28. 내가 하는 일이 옳아도 부모님의 마음에 들지 않으면 못하게 하신다.	1	2	3	4
29. 내가 할 일은 나 스스로 결정하도록 맡겨주신다.	1	2	3	4
30. 새로운 일이나 여행은 위험하다고 못하게 하신다.	1	2	3	4
31. 내가 겁이 날 때나 걱정이 있을 때는 나를 도와주려고 하신다.	1	2	3	4
32. 집안일을 할 때 나의 의견을 무시하는 편이다.	1	2	3	4
33. 용돈의 사용에 대해서 하나하나 간섭하신다.	1	2	3	4
34. 불편해도 내가 중요하다고 생각하는 일이라면 그 일을 하게끔 해주신다.	1	2	3	4

35. 학원을 선택할 때 나 스스로 결정하도록 하신다.	1	2	3	4
36. 한 번 지시 또는 명령한 것은 꼭 이행하도록 강요하신다.	1	2	3	4
37. 내가 하는 일에 퍽 흥미를 갖고 계신다.	1	2	3	4
38. 내가 잘못된 행동을 할 경우 부끄러움을 느끼도록 하신다.	1	2	3	4
39. 내가 어려움을 당하면 그것은 내가 잘못했기 때문이라고 생각하신다.	1	2	3	4
40. 친척들의 가족행사에 되도록 참여하도록 권유하신다.	1	2	3	4

이 검사의 결과를 가지고 '나는 어떤 형의 부모인가'를 밝히기 위해서는 통계적인 절차를 밟아야 하기 때문에 한 사람의 결과만으로는 가능하지 않다. 그러므로 이 검사는 우리 아이가 현재 자신의 부모에 대해서 어떤 식으로 생각하고 있는가를 점검해보는 도구로 사용하는 것이 좋다. 또한 이 검사를 아빠와 엄마로 나누어서 하도록 할 수도 있다. 하루는 아빠에 대해서 하라고 하고, 그 다음날에 엄마에 대해서 하라고 하면, 부부간의 양육태도 차이도 알아볼 수 있

어 더 많은 참고자료로 활용될 수 있다.

참고로 위의 문항 중 '대체로 그렇다'나 '거의 그렇다'로 표기해야 하는 문항은 2, 4, 6, 8, 10, 12, 14, 15, 16, 18, 21, 23, 25, 29, 31, 34, 35, 36, 37, 40번 문항들이다. 이와 같은 항목에 표기를 했다면, 현재 부모의 양육태도는 바람직하다고 볼 수 있다.

1등 아이 만드는 비결

교육학자들은 아이들의 학업성취에 영향을 미치는 가정환경을 물리적 환경보다는 심리적 환경에 역점을 둔다. 심리적 환경 중 가장 대표적인 것이 부모의 양육태도이다. 부모의 양육태도 중 가장 바람직한 모습은 자율적 · 민주적 · 수용적 · 협동적 태도이다.

7 적절한 보상은 학습 의욕을 높여준다

보상을 주는데도 전략이 있다

초등학교 2학년인 현진이 엄마는 아이가 1학년 때부터 받아쓰기나 쪽지시험에서 100점을 받아오면 칭찬을 해주면서 돈을 주기 시작했다. 그래서인지 100점을 자주 받았고 아이는 집에 들어서기가 무섭게 돈부터 달라고 소리를 친다. 처음엔 점수를 잘 받는 게 신통해서 아무런 생각 없이 돈을 주기 시작했는데, 시간이 지나면서 무언가 잘못되어 가는 것 같은 생각이 들었다.

좋은 성적을 받는 것은 열심히 공부한 결과를 확인하는 것이고 결국은 훌륭한 사람이 되고자 하는 것인데, 현진이의 경우는 좋은 성적을 받으려고 하는 이유가 단지 엄마에게 돈을 받기 위해서이다. 이러한 현상은 2학년이 되어서도 전혀 변하지 않고 돈 타는 데에만 신경을 쓰고 있다.

아이가 잘하면 칭찬을 해주고 보상을 주는 것이 당연하다고 생각하지만, 칭찬과 보상을 줄 때에도 무조건적으로 줄 것이 아니라 아이의 특성이나 상황적 특성에 따라서 신중하게 해야 한다. 잘못하면 보상이 오히려 학습동기를 저해하는 요인이 될 수도 있다.

동기유발이 되지 않을 때는 외적 보상이라도 주어야 한다

공부할 생각이 없는 아이, 공부할 의욕이 없는 아이는 엄마가 아무리 잔소리를 해도 고쳐지지 않는다. 아이가 동기유발이 되어 있지 않기 때문이다. 그러므로 자발적으로 공부하지 못하는 아이에게는 우선 외적 보상이라도 주어야 한다. 외적 보상이란 칭찬을 해준다든가 돈을 준다든가 하여 아이에게 공부하고 싶은 동기를 심어주는 것이다. 이러한 외적 보상은 초등학교 저학년에서는 효과를 볼 수가 있다. 그러나 학년이 올라가면 외적인 보상이 오히려 여러 가지 부작용을 일으킬 수 있다. 따라서 외적인 보상을 대체할 것을 찾아야 한다.

외적 보상이 내적 동기를 감소시킨다

위에서 소개한 현진이의 경우는 보상이 내적동기 유발에 전혀 도움이 되지 않았다. 내적 동기란 공부 자체가 재미있어서 공부를 열심히 하게 하는 것이다. 평소에 독서를 좋아하는 아이에게 독서의 대가로 초콜릿을 주기 시작했더니, 그후에는 초콜릿을 주어야만 책을 읽게 되었다고 한다. 즉 평소에 독서를 좋아했다는 것은 독서에 대한 내적 동기를 가졌다는 것인데, 초콜릿이라는 외적 보상을 줌으로써 본래 가지고 있던 내적 동기가 감소된 것이다.

아이가 공부를 할 때 내적 동기를 가지면 보상보다는 공부 자체에 재미를 붙여 스스로 알아서 꾸준히 하게 된다. 이것은 어른들도 마찬가지이다. 취직시험을 준비할 때 시험에 합격한다는 외적인 보상보다는 공부하면서 갖는 즐거움, 무언가 알아간다는 희열 같은 내적 동기를 갖게 된 사람은 시험이 끝난 후에도 지속적으로 학문을 연마하게 된다.

아이가 공부에 대한 내적 동기를 갖게 하기 위해서는 아이의 흥미나 호기심을 유발시킬 수 있는 재미있는 과제를 선택하는 것이 좋다. 예를 들어 아이가 좋아하는 만화 영화를(예를 들면 슈렉 같은) 자막 없이 반복해서 보여줌으로써 영어표현을 익히게 한다든가, 만화책을 통해 역사 공부를 하게 할 수 있는 것 등이다.

또 하나 내적 동기를 갖게 하는 방법으로 무엇보다 중요한 것은 '유능감 심어주기'이다. 아이가 해냈다는 느낌을 가지려면 학습목표를 낮추고 쉬운 과제부터 시작하도록 한다. 스스로 성취의 기쁨을 누리도록 하는 것이다.

처음엔 매번 보상을 주고 점차로 드문드문 보상을 준다

'연속 강화'란 어떤 행동을 할 때마다 항상 보상을 해주는 것이며, '부분 강화'란 어떤 때는 보상을 주고 어떤 때는 보상을 주지 않는 것을 말한다. 예를 들어 100점을 받아 올 때마다 항상 천 원을 준다면 이는 연속 강화에 해당한다. 이 연속 강화는 보상을 해주지 않으면 곧바로 그 행동이 없어지게 된다. 100점을 받을 때마다 항상 천 원을 받던 아이가 어느 날부터 돈을 받을 수 없게 되면 100점 받는 행동이 급격히 줄어드는 것이다.

따라서 처음 습관을 들일 때까지는 연속 강화를 해주는 것이 좋다. 예를 들어 받아쓰기에서 100점을 받아오면 그때마다 돈을 주는 것이다. 이렇게 연속 강화를 하면서 아이가 100점을 맞는 것이 습관이 되면 점차 부분 강화로 바꾸어 준다. 즉 100점을 다섯 번 받아오면 돈을 주는 것이다. 또는 어떤 때는 세 번 받아 올 때 주다가 어떤 때는 여섯 번 받아 올 때 주다가 하는 일정치 않은 간격으로 주는 방법도 있다. 이렇게 되면 아이는 언제쯤 돈을 받을지 몰라 항상 공부를 열심히 하게 된다.

앞에서도 말했듯이, 돈을 받기 위한 목적으로 공부하는 아이는 공부를 지속적으로 하지 않게 되고, 공부 자체에 대한 즐거움을 갖게 하는 내적 동기를 감소시킬 수 있다. 특히 외적 보상 때문에 공부를 하는 아이는 어려운 과제는 피하려고 하는 문제가 있다. 보상을 받지 못할까봐 두렵기 때문이다. 이런 아이는 결과적으로 도전하는 의욕이 약해져 학습의 향상을 기대하기가 어렵다.

1등 아이 만드는 비결

아이가 잘하면 칭찬을 해주고 보상을 주는 것이 당연하다고 생각하지만, 칭찬과 보상을 줄 때에도 무조건적으로 줄 것이 아니라 아이의 특성이나 상황적 특성에 따라서 신중하게 해야 한다. 잘못하면 보상이 오히려 학습동기를 저해하는 요인이 될 수도 있다.

1등 아이 만드는 공부 자신감

공부 저력의 기본은 자신감이다. 자신감이 있는 아이는 공부하고 싶은 의욕이 저절로 생겨 항상 노력하는 자세가 되어 있다. 우선 자신감을 가지려면 기본적으로 자신에 대해 긍정적으로 생각하고 있어야 한다.

8 자신감이 성적을 올려준다

자신에 대해 긍정적으로 생각한다

공부 저력의 기본은 자신감이다. 자신감이 있는 아이는 공부하고 싶은 의욕이 저절로 생겨 항상 노력하는 자세가 되어 있다. 그러나 자신감이라는 것이 그냥 하루 아침에 생기는 것이 아니라 여러 단계를 거쳐 형성되는 것이다.

우선 자신감을 가지려면 기본적으로 자신에 대해 긍정적으로 생각하고 있어야 한다. 자신에 대해 긍정적으로 생각하느냐 부정적으로 생각하느냐는 자신에 대한 판단인데, 이러한 판단의 근간이 되는 것이 '자아개념'이다.

자아개념이란 내가 생각하는 나와, 남이 생각하는 내가 결합하여 형성되는 것이다. 엄마들은 아이가 긍정적 자아개념을 가지기를 바랄 것이다. 아이 스스로도 자신을 긍정적으로 바라볼 줄 알고, 다른 사람들도 우리 아이를 괜찮은 아이로 생각해주면 더 이상 바랄 것이 없을 것이다.

자아개념이 긍정과 부정으로 나뉘는 시점은 초등학교 저학년 때이다

많은 연구들에 의하면 한 인간의 자아개념이 긍정과 부정으로 나뉘는 시점은 6~7세 정도인 것으로 나타난다. 어릴 때는 긍정적 자아개념을 가진 아이나 부정적 자아개념을 가진 아이나 공부를 하는데 있어 수행 차이가 별로 나타나지 않는다. 그러나 고등학생 정도가 되면 자아개념이 긍정적인가 부정적인가에 따라 수행 차이가 크게 벌어지게 된다.

이미 부정적인 자아개념을 가진 아이는 워낙에 수행 수준이 낮기 때문에 고등학교 때 자아개념을 바꾼다 해도 지금까지의 누적된 부정적인 영향에서 회복되기가 어렵다. 현재 우리 주변에는 공부를 포기한 아이들이 너무도 많은데, 이들의 특성은 대체로 부정적인 자아개념을 가지고 있는 것으로 알려져 있다.

따라서 초등학교 저학년 때 자신에 대해 긍정적인 생각을 갖도록 여러 가지 배려를 해주는 것이 중요하다. 우선적으로 아이가 왜 자신에 대해 부정적인 시각을 갖게 됐는지를 살펴보고 하나하나 바꾸어가는 노력이 필요하다.

긍정적인 자아개념을 갖기 위해서는 긍정적 생각을 하는 것이 중요하다

"나는 괜찮은 사람이야"라는 생각을 갖는 이유가 사람마다 다르다. "나는 괜찮은 사람이야, 왜? 난 공부를 잘하거든. 난 괜찮은 사람이야, 왜냐하면 우리 아버지가 의사거든. 난 괜찮은 사람이야, 왜냐하면 나는 잘생겼거든."

이렇게 자아개념 안에는 세 가지 하위 요소들이 있다. 지적인 능력이나 학교 성적에 관련된 학문적 자아개념, 부모 혹은 또래 관계에 관련된 사회적 자아개념, 자신의 정서나 신체 외모에 관련된 정의적 자아개념, 이 세 개의 커다란 영역에서 아이가 긍정적인지 부정적인지를 알아보아야 한다.

이런 것은 아이들과 얘기를 해보거나 아이를 관찰하면 금방 알 수 있다. 학문적으로든 사회적으로든 정의적으로든 어떤 시각으로든 아이 스스로 자신을 괜찮은 아이로 생각하는 것이 중요하다. 어떻게 하면 이들 하위 요소에서 아이가 긍정적인 자아개념을 갖게 할 수 있을까? 이를 위해서는 다음과 같은 부모님들의 인식 전환이 필요하다.

초등학교 때에는 성적으로 아이를 평가하지 말아야 한다

학문적 자아개념이 형성되는 시기는 대개 6~7세 때이다. 이때 학문적 자아개념을 긍정적으로 갖게 하기 위해서는 성적으로만 아이를 평가하지 말아야 한다. 예전에 초등학교의 성적은 수 · 우 · 미 · 양 · 가로 평가했었다. 이런 상황에서 양, 가, 가…의 성적을 받은 아이들은 학문적 자아개념을 긍정적으로 가질 수 없었다.

바로 이 초등학교 1학년 시기에 아이들의 학문적 자아개념이 긍정 아니면 부정으로 갈라지기 때문에, 이런 식의 평가로 아이들에게 부정적 자아개념을 심어주어서는 안 된다. 그래서 수 · 우 · 미 · 양 · 가에서 "매우 잘함 · 잘함 · 노력 바람"으로 평가척도가 바뀐 것이다. '양'이나 '가'보다는 '노력 바람'이 어감도 좋고, 무엇보다도 부정적 자아개념을 갖지 않도록 하는데 도움이 되기 때문이다. 그런데 엄마들은 계속 직선적으로 '매우 잘함'으로 찍혔느냐, 하나 빗겨나와 '잘함'으로 찍혔느냐에 신경을 쓴다. 그런 경우 아이를 야단치면서 닦달을 한다.

초등학교에 다시 일제고사가 부활된다고 한다. 하지만 지금까지는 시험이 아예 없었다. 초등학교에서 시험을 없앤 이유가 바로 아이들의 긍정적인 학문적 자아개념을 위해서이다. 그러나 시험까지 없앴음에도 불구하고 엄마들은 어떻게든 아이의 능력을 평가하고 싶어한다. 시험을 아주 없앴다고는 하나 아직 아이들은 각종 경시대회 또는 쪽지시험 등을 보는 것이다.

예를 들어 초등학교 1학년 아이들의 받아쓰기에도 부모님들이 너무 민감하게 반응해서 아이들이 부정적인 자아개념을 가질 우려가 있다. 아이들은 엄마가 자기 점수를 보고 어떻게 느끼고 생각하는지

금방 알 수 있다. 받아쓰기는 능력을 평가하는 시험이 아니며 단지 연습일 뿐이다.

받아쓰기에서 몇 점을 받았느냐는 중요한 것이 아니다. 그러므로 받아쓰기에서 많이 틀려 주눅들 아이들을 위해서 받아쓰기 점수를 100점 만점이 아닌 10점 만점으로 생각하고 보는 것도 좋은 방법일 것이다. 몇 개를 틀리더라도 못했다는 느낌을 갖지 않도록 하기 위해서이다. 60점과 90점의 차이보다는 6점과 9점의 차이가 훨씬 작게 느껴지기 때문이다. 선생님들도 받아쓰기를 10점 만점으로 하자는 데 동의하고 있다.

IQ가 전체적인 지능을 나타내는 것은 아니다

자신의 학문적 능력을 긍정적으로 갖기는 아주 어렵다. 왜냐하면 지적 능력을 나타내는 것이 IQ인데, 이 IQ의 분포는 50퍼센트의 아이들이 100 이하로 나오게 되어 있기 때문이다. 그러니까 절반이 소위 두 자리 IQ이기 때문에 많은 아이들이 자신의 지적 능력에 대해 부정적으로 생각하게 되는 것이다.

IQ는 지적 능력을 수치로 표시한 것이다. IQ가 실제로 우리의 지적인 능력을 제대로 측정하고 있는지 확실하지는 않지만, IQ가 높으면 학교 성적이 좋은 건 사실이다. 즉 IQ와 학교 성적 간에는 상관관계가 높다. IQ와 학교에서 요구하는 능력이 거의 같은 종류이기 때문이다. 따라서 학교에서 요구하는 능력이 발달해 있으면 학교에서 인정받는 아이가 될 수 있지만, 다른 능력이 발달해 있으면 열등생이 되는 것이다.

인간의 지적 능력은 너무도 무한하고 복잡하다. 따라서 지능이 무엇인가 밝혀낸다는 것은 매우 어려운 일이다. 심리학이라는 학문이 시작된 지 120년이 되어가고, 이제까지 인간의 지능에 대해 계속 연구해왔지만 아직도 그 실체가 완전히 밝혀지지 않았다. 그만큼 우리 인간의 지적 능력은 복잡하다. 그럼에도 불구하고 한 인간의 지적 능력을 수치로 잴 수 있다니 참으로 모순인 것이다. 지능을 가리키는 숫자는 사실 학자들끼리의 약속이다. 즉 인간의 지능이 무엇인지 잘 모르니까 지금까지 밝혀진 부분만을 지능이라고 하자고 약속해서 바로 그 부분을 측정한 것이 흔히 머리 좋다는 표준으로 삼는 IQ인 것이다.

그런데 어떤 아이는 IQ 검사로 측정되는 부분이 발달하지 않고 다른 부분이 발달한 경우가 있다. 정말 불행한 경우라고 할 수 있다. 발달한 부분을 측정했다면 우등생일 수 있는데, 발달하지 않은 부분을 측정했기 때문에 열등생이 되는 것이다. 어쨌든 IQ가 우리 인간의 전체 지능을 나타낸 것이 아니라는 인식과 더불어 공부를 못해도 우리 아이의 전체적인 머리가 나쁜 것은 아니라는 인식전환이 필요하다.

인간의 지능은 여러 종류가 있다

학자들 사이에서 지능을 새롭게 정의하자는 시각들이 대두되면서 현재 우리가 알고 측정한 능력이 우리 인간의 전체 능력 중 아주 일부분의 능력이므로 다른 능력도 측정해야 한다는 주장이 제기되었다. 이런 주장을 증명해줄 수 있는 현상으로 대표적인 것이 '바보 천재'들이다. 머리가 좋다면 모든 능력이 좋아야 하는데 그렇지 않은 경우가 있다. 바둑은 매우 잘 두는 아이가 말이 어눌하다든지, 바이올린은 기가 막히게 잘 연주하는데 수학 성적은 아주 형편없다든지 하는 바보 천재들이 이 세상에는 많다는 것이다. 따라서 지능에는 여러 가지 능력이 포함되어 있고, 사람에 따라 발달한 영역이 다르다고 할 수 있는 것이다.

심리학자 가드너는 이러한 사실에 근거해서 다중지능 이론을 제안했다. 다중지능 이론에서 가드너는 인간의 지능에는 여러 가지 능력이 있기 때문에 지능을 IQ처럼 단일 점수로 나타낼 것이 아니라 여러 능력을 따로따로 측정해서 나타내야 한다고 주장한다. 즉 언어능력, 논리 · 수학적 능력, 공간능력, 음악능력, 신체능력, 개인 간 능력, 개인 내 능력의 7가지 능력을 모두 측정하자는 것이다. 지금까지 우리가 받아왔던 지능검사는 대체로 언어능력과 논리 · 수학적 능력을 측정하는 것이다. 이러한 능력이 학교에서 요구하는 능력이고, 우리는 이것이 우리 아이의 능력의 전부인 줄 알아왔다.

다음은 가드너의 다중지능 이론을 구체적으로 설명한 것이다.

지 능	직업의 예	핵심 구성요소
논리-수학	과학자 수학자	식별할 수 있는 민감성과 재능, 논리적이나 수학적 유형: 긴 추리사슬을 다루는 능력
언어	시인 언론인	단어의 소리, 리듬, 의미에 대한 민감성: 언어의 다른 기능들에 대한 민감성
공간	항해사 조각가	시공간 세계를 정확하게 다루는 능력과 최초 지각을 전환하는 능력
음악	작곡가 연주가	리듬, 음 높이, 음색을 만들고 감상하는 능력: 음악표현의 형태를 감상
신체-운동	무용수 운동선수	자신의 신체운동을 통제하고 목표를 기술적으로 다루는 능력
개인간	심리치료사 세일즈맨	다른 사람의 기분, 기질, 동기, 욕구를 식별하고 적절하게 반응하는 능력
개인내	자세하고 정확한 자기 지식을 지닌 사람	자신의 감정에 접근할 수 있고 또한 감정들을 구별하여 행동의 방향을 결정하는데 사용하는 능력: 자신의 강점과 약점, 욕구, 지능에 대한 지식

가드너의 7개 지능

아이들 중에는 친구를 잘 사귀어서 친구가 많고 대인관계가 좋은 아이가 있다. 학교 공부는 별로인데 리더십이 강해서 항상 주위에 친구들이 모여드는 아이가 있다. 이러한 능력을 말하는 '개인 간 능력'은 지금까지 어떤 검사로도 측정된 적이 없다. 물론 우리 부모들도 이 능력을 그렇게 중요하게 생각하지 않았었다. 그렇지만 사회에서 성공하려면 이러한 능력이 중요하다는 것은 누구나 알 것이다. 실제로 IQ는 사회적 성공을 예언하는 비율이 20%밖에 안 된다는 연구 결과도 있다.

다음으로 중요한 능력으로 부각되는 능력이 '개인 내 능력'이다. 이것은 한마디로 자기 자신에 대한 인식이다. 자기 감정을 잘 조절하는 아이, 어떤 일을 하면 열심히 몰두하는 아이, 충동을 잘 억제하는 아이가 '개인 내 능력'이 뛰어난 아이이다. 요즘 유행하는 개념으로 EQ라는 것이 있다. EQ라는 개념도 바로 개인 간 능력과 개인 내 능력에 이론적 근거를 둔 것이다.

지금까지는 언어능력이나 논리·수학적 능력만을 우수한 능력으로 인정해주고 그 외의 능력은 별로 중요하지 않은 것으로 여겨왔으나 실상 능력의 종류에는 우열의 차이가 없다. 모든 능력이 다 소중하고 가치 있는 것이다. 우리 아이가 논리·수학적 능력은 부족하지만 개인 간 능력이 뛰어난다면 아이의 그러한 특성을 소중하게 생각해주고 격려해줄 때, 아이는 자신에 대해서 긍정적으로 생각하며 행복하게 살아갈 것이다.

이제는 어른들, 특히 엄마들이 능력에 대하여 수평적 시각을 가져야 한다. 어떤 능력은 우수한 능력이고, 어떤 능력은 열등한 능력이라는 수직적인 생각은 과거에는 통용되었지만 지금은 전혀 맞지 않는 잘못된 생각이기 때문이다. 학교 성적을 좌우하는 언어능력이나 논리·수학적 지능은 인간의 능력 중 일부이다. 하지만 개인 내 능력이나 대인간 능력, 예체능에 관한 능력도 학교 성적 못지 않게 중요한 능력이라는 생각의 전환이 필요하다. 이렇게 부모가 생각을 전환하면 긍정적인 자아개념을 가진 아이로 키울 수 있게 된다.

부모-자식 관계와 또래관계

아이가 공부를 못하면 엄마들은 은근히 아이를 미워한다. 누워서 텔레비전을 보는 모습은 너무도 보기 싫다. 아이가 책상에 앉아 있는 모습은 왜 그렇게 예쁜지 모르겠다. 아이가 책상에 앉아 있으면 엄마는 벌써 아이를 부르는 목소리부터 달라진다.

이렇듯 부모와 자식 간의 관계가 완전히 공부, 특히 성적하고만 연결되어 있는 것 같다. 이것은 우리 엄마들이 반성해볼 필요가 있는 문제이다. 아이에게 하는 말 중에서 "공부해라"는 말 말고 무슨 말을 하고 사는지 말이다. "밥 먹었니?" "일어나라" 외에는 "공부해라"는 말밖에는 안 하고 살지 않는가.

부모-자녀 관계에서 긍정적 자아개념을 갖게 하기 위해서는 학교 성적이라는 하나의 잣대로 아이를 평가해서는 안 된다. 특히 학교 성적이라는 잣대로 형제간이나 자매간, 남매간을 평가하지 말아야 한다.

엄마와 아이가 친구처럼 지내는 것은 좋은 현상이다. 엄마랑 유행어 따라잡기, 예를 들어 요즘 유행하는 개그를 알아봐서 집에서 나누는 것도 좋다. 이렇게 격의 없이 지내는 것이 좋지만 엄마와의 약속은 절대로 지키게 해야 한다. 아이와 약속한 부분은 모질게 마음먹고 꼭 지키게 해야 한다. 그러면 엄마와 풀어져 노는 시간에도 우리 엄마는 함부로 해도 된다는 생각을 절대로 하지 않는다.

요새는 권위적인 아버지들의 시대가 아니다. 집에서 무섭게 하고 권위만 세우려는 아버지에게는 아이가 절대 마음을 열지 않는다. 아이와 뒹굴며 놀더라도 지켜야 될 약속은 확실히 지키게 하는 아버지가 되어야 하는 것이다. 요새 아이들은 다들 왕자이고 공주이다. 이미 우리 아이들은 그렇게 키워졌다. 이런 상황에서는 권위만 세운다고 문제가 해결되지 않는다. 아이와 허물없이 지내면서도 부모와의 약속은 분명히 지키는 관계를 맺어야 하는 것이다. 안 그래도 아이들은 중학교만 들어가면 입을 다문다. 학교에서 일어난 일을 엄마에게 얘기할 정도면 정말 성공한 것이다. 엄마와 이런저런 얘기를 할 수 있는 아이들은 절대로 비행청소년이 되지 않는다.

다음으로 사회적 자아개념에 가장 큰 영향을 미치는 것으로 부모-자녀 관계 이외에 또래관계가 있다. 그런데 엄마들은 아이에게 친구가 많으면 싫어한다. 친구가 많으면 공부하는 데 방해된다고 생각하기 때문일 것이다. 더군다나 공부 못하는 아이를 친구로 삼으면 매우 싫어한다.

우리 집을 예로 들어보면, 우리 아이는 학창 시절, 항상 공부 못하는 아이하고만 놀았었다. 공부 잘하는 아이는 인간미가 없기 때문이라고 했다. 나도 마음속으로는 공부 잘하는 아이와 사귀었으면 했지만 나는 아이의 친구관계에 대해서는 간섭하지 않았다. 그 결과 우리 아이는 '개인 간 능력'이 뛰어난 아이가 되었다. 여러 친구들과 어울리면 마음의 폭도 넓어지고 또래관계에 대한 자아개념도 긍정적으로 갖게 되기 때문이다.

아이들의 또래관계에 대해 엄마들이 특히 주의할 것은 "네 친구 〇〇는 못쓰겠다"하면서 평가하고 비난하는 것이다. 아이들의 얘기를 들어보면 엄마의 그런 말이 너무도 기분 나쁘게 들린다고 한다. "엄마가 뭔데 내 친구를 비난해" 하면서 매우 분하게 생각한다고 한다. 부모는 아이가 좋은 또래관계를 가지도록 관심을 갖고 지켜봐주되 간섭은 하지 말아야 한다. 또한 아이의 친구들을 부정적으로 평가하는 것도 삼가야 한다.

아이가 지나치게 소극적이어서 친구 사귀기를 어려워한다면, 자기보다 어린 아이들과 놀게 하면서 친구 사귀는 기술을 발달시키는 방법도 좋다. 그런 경우 아이가 리더십을 키울 수도 있다. 또는 친구들을 자주 집으로 데려오도록 하는 것도 좋은 방법이다.

신체능력이나 외모에 대한 자신감

십여 년 전만 해도 자아개념에 가장 큰 영향을 미치는 것은 학문적 자아개념이었다. 공부만 잘하면 "난 괜찮은 아이"로 생각했다. 그런데 요즈음 중학교 아이들을 대상으로 조사해본 결과, 자아개념에 가장 큰 영향을 미치는 요인이 신체능력이나 외모로 나타났다. 외모보다는 마음이 중요하다는 말이 이제는 아이들한테 먹히지 않는 것이다. 많은 아이들이 "난 공부는 못해도 좋아, 얼굴만 받쳐주면 되니까"라고 생각한다. 아이들 나름대로는 외모에서 긍정적 자아개념을 가지려고 외모에 꽤나 신경 쓰면서 멋을 부리고 다니는 것이다. 이런 아이들의 이상스러운 모습을 이제는 부모가 인정해주어야 한다.

아이가 외모지상주의에 빠지지 않게 이끌어준다

같은 사람을 놓고 예쁘다는 사람도 있고 밉다는 사람도 있다. 아름다움은 보는 사람에 따라서 다르게 느껴지는 주관적인 것이다. 더욱이 아름다움의 기준은 시대마다 달라져 왔다.

옛날에는 살찌고 선이 부드러운 여자가 아름다운 여자였다. 그러다가 여자들도 노동을 해야 했던 농경 사회에서는 특히 인력이 필요한 시대였기 때문에 튼튼한 여자, 아이를 잘 낳을 수 있는 평퍼짐한 여자를 좋아했다. 그런데 산업사회가 되면서 노동의 주체가 남성으로 한정되었다. 따라서 여자들이 집 안에 있게 되자 아름다움의 기준이 확연히 변하게 되었다. 즉 약해 보이고 예쁜 청순가련형의 여자를 좋아하게 된 것이다. 일할 필요가 없는 여자에게 요구되는 것은 힘이 아니라 남자를 기쁘게 해줄 미모이기 때문이다. 그러나 세상이 바뀌고 있다. 이 복잡한 세상에 살아남기 위해서는 여자도 일을 해야 한다. 튼튼하고 씩씩한 여자가 필요하게 된 것이다.

이와 같이 여성의 역할이 바뀌어감에도 불구하고 텔레비전에 나오는 연예인들은 영양실조에 걸린 듯한 모습이다. 그런 가늘고 하늘하늘한 모습은 우리 여성들, 특히 어린 여학생들을 주눅 들게 한다. 그러나 그런 것에 현혹되어서는 안 된다. 뼈가 앙상한 모습이 아름다운 모습이라고 우리를 세뇌시키는 데에는 자본주의의 상술, 어떻게든 돈만 벌어보겠다는 상혼이 숨겨져 있다.

만일 우리 여성들 모두가 다이어트에 신경 쓰지 않고 그냥 편하게 살찌면서 살겠다고 선언한다면 어떤 일이 일어날까? 다이어트 산업에 연관된 수많은 기업들이 문을 닫을 수밖에 없을 것이고, 국가 경제에 커다란 문제가 발생할 것이다. 현재 지나친 외모 지상주의는 누군가가 인위적으로 조작한 측면이 있다는 것을 깨닫고 거기에 생각 없이 휘둘려서는 안 될 것이다. 요즘 세상은 외모보다는 마음이 예뻐야 한다는 말이 구태의연해졌다. 그러나 진정한 아름다움은 자신의 외모에 연연하지 않는 당당한 모습에서 찾을 수 있다. 이런 점을 아이에게 인식시켜주는 것이 중요하다.

아이들의 '문화'를 인정해줘야 한다

부모의 가장 큰 관심사는 아이가 공부를 잘하는 것이다. 만일 아이가 공부를 못한다면 그 원인을 분석해볼 필요가 있다. 혹시라도 아이가 자신의 외모 때문에 고민하느라 공부를 안 한다면 걱정이 아닐 수 없을 것이다. 생긴 모습은 부모가 달리 어떻게 해줄 수 있는 문제가 아니기 때문이다.

교육심리 이론에 따르면, 자신을 긍정적으로 생각하는 데에는 외모에 대한 생각이 큰 영향을 준다고 할 수 있다. 전에는 얼굴이 못생겨도 공부를 잘하면 자신에 대해 긍정적이었는데, 요새는 학교 성적보다도 외모가 더 큰 영향을 주는 것으로 알려졌다.

힙합 바지, 보트만한 신발, 왁스 바른 머리 등 어른들 눈에 비친 요즘 아이들의 모습은 받아들이기 어려울 뿐만 아니라 인정할 수가 없다. 그러나 인정해야 한다. 그 나이 아이들의 속성이 친구들과 동조하면서 소속감을 갖기 원하기 때문이다. 아이들이 유행에 따라 멋을 내는 것은 나름대로 살아가기 위한 몸짓이다. 아직 자신의 정체성에 대해 확고한 신념을 갖추지 못했기 때문에 혼자 있는 것을 불안하게 여기고 친구들과 어울리며 동질감을 누리는 것이다.

아이들이 괴상스러운 옷차림에 찬성하지는 않더라도 인정해주어야 한다. 어른들 눈에는 그러한 모습이 안 좋게 보이므로 찬성할 수는 없을 것이다. 그러나 그 모습이 아이들의 '문화'이고, 또한 아이들 나름대로 살아가기 위한 전략 차원의 행동이라면, 우리는 그 모습을 인정해줘야 하는 것이다.

자신의 외모에 소신을 갖게 한다

1주일에 10킬로그램을 뺀다는 약이며, 다이어트, 식이요법 등이 광고란을 요란하게 장식하고 있다. 그런 광고를 보면 누구나 혹하는 마음이 일게 마련이다. 그러나 비만에 관한 과학적 연구결과를 보면 그러한 광고가 얼마나 허무맹랑한 것인지 알 수 있다. 비만의 원인이 단 한 가지라면 비만의 치유법은 훨씬 간단할 것이다. 그러나 비만의 원인에는 생리적, 유전적, 심리적, 환경적 요인 등 여러 요인들이 복합되어 있기 때문에 그리 간단한 문제가 아니다.

우선 생리적인 요인으로는 신진대사율의 차이를 들 수 있다. 개인마다 신진대사율이 달라서 같은 양의 음식을 먹더라도 체내에 흡수, 저장되는 정도가 다르다.

유전적 요인으로는 체질과 기질 차이를 들 수 있다. 부모가 비만일 경우 아이도 비만일 확률이 크다. 하지만 이제는 이러한 유전적 요인이 다른 요인들에 비해 그렇게 큰 영향을 미치지 않는다는 사실이 밝혀졌다.

또한 중요한 요인으로 심리적 요인을 들 수 있다. 우리는 주위에서 "스트레스를 받으면 자꾸 무언가를 먹게 돼요"라는 말을 자주 듣는다. 마음이 편치 않으면, 즉 스트레스를 많이 받으면 입을 통해 무언가를 충족하려 하는데, 프로이트는 이것을 '구강기 퇴행'이라고 했다. 현대인에게 비만이 많이 나타나는 것도 이 때문일 것이다. 특히 성적에 대한 중압감에 찌든 학생들이 무언가 자꾸 먹어서 스트레스를 풀려는 것도 같은 현상이다.

또한 심리적 요인으로서 중요한 것은 비만인은 음식의 외적 정보에 민감하다는 사실이다. 음식의 외적 정보란 음식의 모양, 냄새, 색 등 음식이 가진 속성을 말한다. 인간에게 먹고 싶은 욕구가 일어나는 것은 우선 내적 정보를 통해서이다. 내적 정보란 혈당치가 감소하면 뇌 안에 있는 섭식 중추가 작동하여 먹으라는 신호를 보내고, 어느 정도 혈당치가 적정 수준에 오르면 이번에는 포만 중추가 작동하여 그만 먹으라는 신호를 보내는 것이다. 이렇게 우리의 뇌 속에서 보내는 신호에 따라서만 먹으면 우리는 결코 비만이 될 수 없다. 비만한 동물이 없는 이유도 바로 이 때문이다. 동물은 내적 정보에만 충실하여 섭식하기 때문이다.

그런데 유독 사람만이 음식의 외적 정보에 민감하다. 아무리 배가 불러도 맛있어 보이는 음식을 보면 또다시 먹는다. 비만인은 외적 정보에 더욱 민감하다고 알려져 있다. 그렇다면 비만인이 외적 정보에 민감해지지 않을 방법은 없을까? 다른 특별한 방법이 없으므로 근원적인 방법을 취해야 한다. 그것은 외적 정보를 차단하는 것이다. 즉 주위에 먹을 것을 놔두지 말아야 하는 것이다. 언제나 집 안 곳곳에 간식이 널려 있다면 아이의 비만을 막을 도리가 없다. 간식의 칼로리가 얼마나 높은지 헤아려보면 이 점을 특히 유의해야 할 것이다.

사람이 가장 건강하게 사는 모습은 '생긴 대로 살 자유'를 누리면서 사는 것이다. 사회적, 문화적 압력 때문에 사회에서 요구하는 정형화된 모습에 맞추어 자신을 비교하고 좌절하는 것은 건강한 모습이 아니다. 유난히 외모에 신경쓰느라 공부에 소홀한 아이에게는 아름다움은 소신껏 당당하게 사는 모습이라고 인식시켜줄 필요가 있다.

아이의 자신감을 알아보는 자아개념 검사

다음은 아이가 전반적으로 자신에 대해 긍정적으로 생각하는가, 부정적으로 생각하는가를 알아볼 수 있는 문항이다. 자신에 대한 전반적인 지각을 일반 자아개념이라고 하는데 자신에 대해 통합적으로 생각할 수 있는 연령은 10세 이후라야 가능하다고 알려져 있다. 다음 문항에 대한 반응이 어떠한가를 살펴보면 아이의 현재 자아개념 수준을 알아보는 데 도움이 될 것이다. 만일 지나치게 자신을 부정적으로 본다면 부모는 여러 가지로 아이에게 배려를 해주어야 한다.

〈응답요령〉

'거의 그렇다'고 생각하면	4번	1	2	3	④
'대체로 그렇다'고 생각하면	3번	1	2	③	4
'대체로 아니다'고 생각하면	2번	1	②	3	4
'전혀 아니다'고 생각하면	1번	①	2	3	4

＊표시방법은 ○표를 하면 됩니다.

	전혀 아니다	대체로 아니다	대체로 그렇다	거의 그렇다
1. 나는 나 자신에 대해 자신을 갖는 편이다.	1	2	3	4
2. 나는 별 어려움 없이 내 마음을 결정할 수 있다.	1	2	3	4
3. 나는 행복한 사람인 것 같다.	1	2	3	4
4. 나는 항상 기분이 좋다.	1	2	3	4
5. 나는 나 자신을 잘 안다.	1	2	3	4
6. 나는 '현재의 나'에 만족한다.	1	2	3	4

7. 나는 내가 아닌 다른 사람이 되었으면 좋겠다.	1	2	3	4
8. 나는 내가 하는 일에 만족한다.	1	2	3	4
9. 나는 나 자신을 높게 평가한다.	1	2	3	4
10. 나는 모든 일을 잘 해나간다.	1	2	3	4
11. 나는 마음의 결정을 잘하지 못하는 편이다.	1	2	3	4
12. 나는 나 자신을 업신여긴다.	1	2	3	4
13. 나는 바보스럽게 행동한다.	1	2	3	4
14. 나는 세상 일들이 즐겁다.	1	2	3	4
15. 나는 쉽게 포기하지 않는다.	1	2	3	4
16. 나의 생활은 여러 가지 일로 뒤엉켜 있는 것 같다.	1	2	3	4
17. 나는 모든 일에 서툴다.	1	2	3	4

위의 문항 중 7, 11, 12, 13, 16, 17 문항은 거꾸로 계산한다. 즉 4번은 1점으로, 3번은 2점으로, 1번은 4점으로 계산한다.

다음은 17개 문항의 점수를 더한다. 그러면 17점에서 68점 사이의 점수가 나올 것이다.

일반적으로 40점 이상 정도는 나와야 자아개념이 부정적이지 않은 것이다. 만일 30점 이하가 나왔다면 부모가 더 많은 배려를 하여 자신에 대해 긍정적으로 생각하는 아이가 되도록 하자.

1등 아이 만드는 비결

공부 저력의 기본은 자신감이다. 자신감이 있는 아이는 공부하고 싶은 의욕이 저절로 생겨 항상 노력하는 자세가 되어 있다. 우선 자신감을 가지려면 기본적으로 자신에 대해 긍정적으로 생각하고 있어야 한다.

9 성취감을 맛보게 하라

무력감은 학습된 것이다

중학교 2학년생인 지용이는 이젠 공부할 마음이 생기지 않는다고 한다. 기를 쓰고 열심히 공부했는데도 성적이 오르지 않았기 때문이다. 초등학교 저학년 때는 꽤 공부를 잘했던 지용이지만 고학년으로 올라가면서 학과 공부를 소홀히 하는 바람에 중학생이 되면서 성적은 중하위권으로 떨어졌다. 이제는 성적을 올려보겠다고 결심하고 노력해봤지만 이번 기말고사 성적도 오르지 않았다. 크게 실망한 지용이는 요즘은 공부할 기운도 없다고 한다. 아마도 무력감에 빠진 것 같다.

무력감, 또는 무기력은 '해도 소용없다'는 생각이다. 무력감에 빠지면 노력이나 도전의욕도 상실되고 항상 우울해 하며 자기 비하의 감정에 사로잡혀 침체된 기분으로 살아가게 된다. 아이들의 경우는 한번 무력감에 빠지면 헤어나기가 어려우므로 적절한 지도가 필요하다.

　대체로 학생들이 겪는 무력감은 성적 때문이다. 성적은 금방 좋아질 수 없는 것이기에 무력감에서 벗어나기가 어려운 것이다. 이처럼 무력감은 자연 발생적인 것이 아니라 여러 가지 경험을 하면서 학습된 것이다. 무력감이 학습된 것임을 밝히기 위해 심리학자 셀릭만은 다음과 같은 실험을 했다.

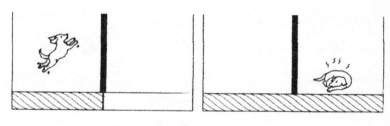

셀릭만의 실험장치

　A방과 B방 모두 가운데에 칸막이가 있어 양쪽으로 나뉘어 있다. A방은 한쪽 바닥에만 전기가 흐르는 데 반해 B방은 양쪽 모두 전기가 흐르고 있다.

　전기가 흐르는 A방에 개를 집어넣으면 개는 발바닥에 닿는 전기 쇼크를 피하려고 평소에는 넘기 힘든 높이의 칸막이를 혼신의 힘을 다하여 뛰어넘어 안전한 곳에서 편하게 쉬고 있다. 한편 B방에 들어

간 개 역시 전기쇼크를 피하느라 혼신의 힘을 다하여 뛰어넘는다. 그러나 건너편 바닥에도 또 전기가 흐르고 있었다.

이후에 A방을 경험했던 개와 B방을 경험했던 개 두 마리를 모두 A방에 다시 넣었을 때 개들의 행동에는 큰 차이가 나타났다. A방을 경험했던 개는 전처럼 칸막이를 뛰어넘기 위해 열심히 노력을 했지만, B방을 경험했던 개는 뛰어 넘으려고 하지 않고 지독한 전기쇼크를 그대로 견디고 있었다. 즉 이 개는 '해도 소용없다'는 무력감을 학습한 것이다.

위의 실험에서 알 수 있듯이, '해도 소용없다'는 무력감은 잦은 실패경험 때문에 학습된 것이다.

여기에서 주목해야 할 것은 B방을 경험했던 개가 처한 상황이다. 지독한 전기쇼크를 그대로 받아내며 고통스러워하는 모습을 보면서 우리 아이들이 무력감에 빠졌을 때 어떠할지 미루어 짐작할 수 있다. 따라서 부모들은 무력감에 빠진 아이가 겉으로는 아무렇지도 않은 것처럼 보이지만 엄청난 고통 속에서 하루하루를 보낸다는 것을 알아야 한다.

무력감의 해소를 위해서는 성취감을 맛보게 한다

성취감이란 자신이 무언가 해냈다고 느끼는 것이다. 특히 목표한 바를 이루었을 때 성취감을 맛본다. 앞에서 말했듯이 아이들의 무력감은 대체로 성적 때문에 생기는 것이다. 그러므로 무력감에서 벗어나려면 성적에 대한 생각을 변화시킬 필요가 있다. 현재 40등을 하는 아이에게 부모가 10등 안에 들 것을 요구한다면 아이는 무력감에 빠질 수밖에 없을 것이다. 아무리 노력해도 목표를 이룰 수 없기 때문이다.

이러한 아이가 성취감을 맛보기 위해서는 우선 목표를 낮게 설정하는 것이 중요하다. 현재 40등이라면 35등, 또는 38등 같은 실현 가능한 목표, 조금만 노력하면 이룰 수 있는 목표를 설정해 주는 것이 중요한 것이다.

이제는 학교에서도 '발전상'을 만들어 아이들에게 용기를 주고 격려해주어야 한다. 사실 우등상보다는 '발전상'이 더욱 값진 것이다. 공부를 못하던 아이가 조금이라도 성적을 올렸다면 그 노력을 칭찬해주어야 한다.

예를 들어 아이가 성적표를 들고 왔을 때 엄마가 제일 먼저 보는 것은 전체 석차다. 몇 등을 했느냐가 가장 큰 관심사이기 때문이다. 사실 전체 석차에서 큰 변화가 일어나기는 참으로 어렵다. 공부를 못하던 아이가 하루아침에 상위권에 든다는 것이 얼마나 어려운지 모두가 알 것이다.

그래도 지금은 전체 석차가 나오지 않고 과목별 석차가 기재되어 있으니 참 다행스러운 일이다. 이제는 아이의 성적표를 보는 방법을 바꾸어보자. 한 과목씩 성적을 보면서 좋은 점수는 오래도록 보고 좋지 않은 성적은 건성으로 보며 넘기는 거다.

이런 식으로 성적표를 본다면 성적표를 덮었을 때 엄마는 이렇게 말할 것이다.

"우리 딸(아들) 공부 참 잘했네."

그러면서 아이를 격려해준다면 아이는 성적 때문에 무력감에 빠지지는 않을 것이다.

원인을 아이 자신이 아닌 외부로 돌린다

어느 종교 단체에서 '내 탓이오' 운동을 벌인 적이 있었다. 많은 사람들이 거기에 호응해서 '내 탓이오' 스티커를 자동차 뒤에다 붙이고 다녔다. 옛말에 '잘되면 내 탓, 못되면 조상 탓'이란 말이 있듯이 자신의 행동에 책임을 지지 않으려고 한다.

분명히 '내 탓이오'의 정신은 필요하다. 그러나 무력감에 빠져 허우적거리는 사람에게 '내 탓이오'는 정신적 황폐함을 가져올 수 있다. 잘못된 원인을 모두 나의 잘못으로 돌릴 경우, 자기 비하나 자기 혐오에 빠져 우울증으로 발전되기 때문이다.

그러므로 나쁜 성적이 나왔을 때에는 "시험날 컨디션이 안 좋았구나?" 또는 "예상했던 것과 전혀 다른 시험문제가 나왔구나?"하는 등의 말을 해주어 외부의 원인으로 돌려 무력감에 빠지지 않도록 해야 한다.

이런 경우는 아이가 무력감이 심할 경우에만 쓰는 방법이다. 자주 쓰면 핑계만 대는 아이가 되기 쉽다.

1등 아이 만드는 비결

성취감이란 자신이 무언가 해냈다고 느끼는 것이다. 아이들의 무력감은 대체로 성적 때문에 생기는 것이다. 그러므로 무력감에서 벗어나려면 성적에 대한 생각을 변화시킬 필요가 있다. 아이가 성취감을 맛보기 위해서는 우선 목표를 낮게 설정하는 것이 중요하다.

10 "공부를 잘할 수 있다"는 기대감을 키워준다

자기 효능감'을 갖도록 해준다

중학교 3학년 학생인 성균이는 얼마 남지 않은 중간고사가 걱정이다. 조금 어려운 문제만 보면 머리가 어지럽고 초조해져서 풀 수가 없기 때문이다. 성적은 작년 이후로 계속 제자리거나 더 떨어지고 있다. 게다가 공부에 자신이 없어서인지 수업시간에는 너무나 졸리고 친구들 사이에서도 위축되는 느낌이다. 또 집에 있으면 공부 잘하는 누나만 편애하는 부모님 때문에 속이 상한다.

성균이는 공부에 대한 자신감이 많이 떨어진 상태이고, 이러한 상태는 앞으로 공부를 하는데 계속적으로 부정적인 영향을 미칠 것이다.

한 아이가 앞으로 공부를 열심히 할 것인가 아닌가를 예측할 수 있는 것 중 중요한 것이 공부에 대한 자신감과 공부를 잘할 것이라는 기대감이다. 이러한 개념을 자기 효능감이라고 한다.

요즘 '힘내라'는 말을 많이 하고 또한 많이 듣는다. 누구나 할 것 없이 어려운 상황이기 때문일 것이다. 자신감을 잃은 사람들은 절망하고 심하면 자살에까지 이른다. 자신감은 사람이 살아가는 데 기본적인 원동력이다. 즉 우리가 어떤 행동을 하며 살아가는 것은 자신이 그 행동을 능히 해낼 수 있다는 기대가 밑에 깔려 있기 때문이다. 이 기본적인 기대조차 붕괴되면 안타까운 일들이 일어나고 마는 것이다.

학습에서도 마찬가지이다. 어찌됐든 아이들이 공부하는 행동 이면에는 자신은 공부를 잘할 수 있다는 기대가 전제되어 있다. 수업 시간에 아예 잠을 자버릴 때는 이미 자신은 공부를 잘할 수 있다는 기대가 없어진 상태인 것이다. 이처럼 아이들의 행동 뒷면에 어떤 기대들이 전제되어 있는지 눈여겨보면서 알게 되는 것이 바로 '자기 효능감'이다.

자기 효능감은 자신감과는 구별된다. 흔히 "자신감을 가져라"라는 격려를 하는데, 자신 있다고 여겨지는 느낌이나 믿음을 더욱 북돋우라는 말이다. 그런데 사실 이것은 큰 위로가 되지 못한다. 이런 단순한 느낌이나 믿음은 쉽게 줄어들기도 하고 늘어나기도 하기 때문에 자신감은 어떤 때는 생기다가도 어떤 때는 없어지기도 한다. 목표는 모호하면서 의욕만 앞설 수도 있고, 대상이 분명하지 않은 채, 자신의 느낌만 격려할 뿐이기 때문이다.

그러나 자기 효능감은 구체적인 자신감을 말한다. 즉 자신의 능력에 대한 구체적인 신념인 것이다. 사람들은 자신이 어떤 특수한 상황에 놓였을 때에 구체적인 결과를 얻을 수 있도록 행동을 잘 조직하고 수행하면서 주어진 문제를 해결하려고 한다. 이것이 자기 효능감이다. 때문에 자기 효능감은 '상황에 따른 자신감'이라고도 할 수 있다. 어떤 구체적인 상황에 부딪혔을 때 그 상황을 대처할 수 있는 능력이 자신에게 있다고 생각하면 곧 행동하게 되는데, 이때 갖는 것이 바로 자기 효능감인 것이다. 자기 효능감이란 과제가 얼마나 쉬운지, 그것을 했을 때 결과를 통제할 수 있는지 등을 종합적으로 판단해보고 생기는 것이므로 현재 자신의 행동은 물론 앞으로의 행동에도 긍정적인 영향을 미치게 된다.

자기 효능감은 성공적인 학업성취의 중요한 원인이다

자기 효능감은 효능기대와 결과기대로 이루어진다. 효능기대란 어떤 결과를 이루기 위해 필요한 행동을 잘할 수 있으리라는 확신이다. 결과기대란 자신의 특정 행동이 어떤 결과에 이를 것이라는 기대이다. 따라서 일단 행동을 성공적으로 수행할 수 있다고 확신해야 한다. 어떤 결과에 이를 것이라는 확신이 중요하기 때문에 결과기대보다는 효능기대가 훨씬 중요하다. 게다가 효능기대가 강하면 강할수록 더 노력하게 되므로 성취결과도 더 나아지게 된다.

이런 효능기대는 학업성취에도 중요한 요소이다. 수학문제를 풀 수 없다고 아예 포기하는 아이와 문제풀이를 하면 할수록 수학실력이 는다고 확신하는 아이는 성취결과에서 매우 큰 차이가 있다. 따라서 우리 아이의 효능기대가 어떤지 점검해볼 필요가 있다. 아이들이 공부를 안 하는 이유는 바로 이런 효능기대가 없어서일 것이다. 수학이나 영어는 포기했으면서 암기과목 공부를 열심히 하는 아이는 "나는 외우는 것을 잘할 수 있다"는 효능기대를 나름대로 갖고 있기 때문이다. 이처럼 아이들의 학습경향이나 성취는 아이가 가지고 있는 자신의 효능기대에서 시작된다고 할 수 있다.

자기 효능감이 강할수록 도전과 노력을 많이 한다

학습과제가 어려우면 자기 효능감이 낮아져 성취기대도 낮지만, 학습과제가 쉬우면 자기 효능감이 높아져 성취기대도 높다. 따라서 아이들이 공부 과제에 부담을 느끼면 오히려 역효과가 난다. 쉬운 것, 아이가 손쉽게 끝낼 수 있는 것부터 시작해서 단계를 높여가는 것이 좋다. 동일한 분량을 시키더라도 아이의 효능기대를 조금씩 높여가는 방향으로, 쉬운 것부터 하도록 조정하면 부모나 아이 서로에게 좋은 것이다.

자신에게 닥친 과제를 자신이 할 수 있다는 긍정적인 자각이 높게 형성된 아이는 어떤 일에 설령 실패하더라도 좌절하거나 실망하지 않는다. 실패의 원인을 찾고 실패상황을 보다 적극적이고 긍정적으로 생각한다. 즉 자기 효능감이 강한 아이일수록 어려움에 직면했을 때 긍정적이고 적극적으로 행동하고, 과제에 대한 장애 정도가 높아도 계속 노력한다는 것이다.

이렇게 자기 효능감이 높은 아이는 여러 방법으로 성취를 높일 수 있기 때문에 아이의 정신도 건강할 수 있다. 도전할 목표를 세우고 강하게 부딪치며, 실패해도 효능의식을 빨리 회복해서 노력을 더 강화한다.

우리는 종종 전교 1등을 하는 아이가 등수가 조금 떨어졌다는 이유로 자살하는 경우를 본다. 그 아이는 자기 효능감이 낮은 아이이다. 그래서 실패 후에 끝내 효능기대를 회복하지 못하고 부정적인 생각에서 빠져나오지 못하는 것이다. 특히 수능을 치른 후 유독 그런 뉴스를 접하는 이유는 바로 아이들의 자기 효능감이 매우 낮기 때문이다.

자기 효능감은 일상생활의 성취결과에도 영향을 미친다

자기 효능감은 일상생활에서 길러진다. 전 세계의 높은 산을 찾아다니며 정상에 오르려는 산악인들은 산을 정복함으로써 자기 효능감을 기른다고 볼 수 있다. 높은 데서 뛰어내리는 놀이에서 한 아이가 뛰어내리면 겁내던 아이도 따라 뛰어내리는 것을 볼 수 있다. 아이들이 이런 현상을 보이는 것은 자신과 능력이 비슷하다고 생각했던 사람이 어떤 일을 성공적으로 수행하는 것을 관찰한 후에 자기 효능감이 생기기 때문이다. 이것은 비단 비슷한 또래 사이에서만 일어나는 일은 아니다. 요즘처럼 가정경제가 어려워지고 역경에 처했을 때 부모가 어떻게 대처하는가도 아이의 자기 효능감 형성에 중요한 본보기가 된다. 자기 효능감이 강한 사람은 똑같은 상황에서도 다른 사람들에 비해 스트레스를 덜 받는다. 또한 우울증에 감염되는 일도 거의 없다. 역경에 닥치면 순발력 있게 대처하는 특성이 있기 때문이다.

칭찬과 격려가 성공에 대한 기대를 갖게 해준다

자신의 경험을 통해 이루어진 성취 경험은 아이에게 큰 영향력을 준다. 일단 성공한 경험을 하면, 할 수 있다는 자신감을 키워주므로 성공했던 경험이 반복적으로 이루어지면서 자기 효능감은 자연히 높아지는 것이다. 이렇게 반복된 성공을 통해 자기 효능감이 형성되면 실패한다 해도 부정적인 결과는 줄어든다. 따라서 자기 효능감을 높이기 위해서는 계속적인 성공경험이 필수적이다. 따라서 자기 효능감을 향상시키기 위해서 쉬운 과제부터 관심과 애정을 가지고 성공경험을 반복하는 것이 중요하다.

자신이 직접 성공의 기쁨을 맛보지 못했더라도 다른 사람이 성공하는 것을 보면서 효능감을 맛볼 수 있다. 특히 공부를 못하는 아이가 비슷한 수준의 다른 아이가 공부를 잘하게 되는 것을 보면서 "나도 할 수 있다"는 생각을 가질 수 있는 것이다. 대리경험은 직접적인 성취경험보다는 효과가 약하지만, 처음부터 성공을 하기가 아주 어려운 지체아들에게는 상당히 효과적이다.

부모나 교사, 또래 등을 통한 설득이나 칭찬, 격려 등은 성공에 대한 기대를 갖게 해준다는 점에서 자기 효능감의 근원으로 꼽힌다. 암시나 권고와 같은 직접적인 방법 이외에도 자기 암시법처럼 스스로 설득하는 방법도 효과적이다. 또한 잘못된 상황을 설명해주고 이제부터 어떤 행동을 해나가야 좋을지 궁리하여 스스로 결정하는 방법도 좋은 언어적 설득의 방법이다.

그 중에서 부모의 칭찬과 격려가 아이의 자기 효능감을 형성하는 데 가장 큰 영향을 미친다. 때문에 부모와 아이 간에 정기적인 대화가 필요하며 이때 아이의 성공에 따른 적절한 보상과 칭찬을 계속적으로 해야 하는 것이다. 또한 아이가 선생님을 좋아하거나 존경하고 있다면 선생님의 "너는 해낼 수 있어" 같은 격려의 말이 큰 도움이 된다.

부모의 양육태도가 아이의 자기 효능감 형성에 많은 영향을 미친다

부모의 양육태도에 따라 아이의 자기 효능감은 낮게 형성될 수도 있고 높게 형성될 수도 있다. 요즘처럼 아이들이 모두 왕자, 공주인 것은 부모가 아이를 과보호했기 때문이다. 사람들은 아이를 왕자, 공주로 키우면 자기 효능감이 높을 것이라 예상하겠지만 그렇지 않다. 과보호는 과도한 의존을 낳고, 의존적 성향은 자신감의 결핍과 욕구불만 등으로 표출되기 쉽기 때문이다.

그렇다고 자녀의 행동을 방치하는 것도 바람직하지 않다. 이 역시 이기적이며 독재적인 아이로 만들기 쉽기 때문이다. 독단적인 아이는 사회에서 낙제생이 되게 마련이다. 사회 적응의 실패경험은 아이의 자기 효능감을 낮춘다.

자기 효능감이 낮을 때는 무감동, 무관심, 체념 등이 나타난다. 쉽게 실망하고 무기력한 태도를 자주 보일 때는 부모와의 관계를 점검해봐야 한다. 서로 충분히 교감하고 있는가, 아이의 자율성을 촉진시키고 있는가, 아이의 자발적인 행동을 칭찬하고 격려하고 있는가, 아이의 활동을 적극적으로 장려하는 분위기인가, 아이가 불안을 느끼지는 않는가, 아이가 가정에서 흥미나 관심을 가지고 몰두할 만한 일이 있는가 등을 점검해보아야 하는 것이다.

아이들이 보다 높은 자기 효능감을 갖게 하려면 되도록 칭찬을 많이 해주어야 한다. 그리고 아이가 활동범위를 넓히는 것을 장려해야 한다. 어떤 상황에서는 실패해도 다른 상황에서 실패를 만회하려고 하기 때문에 성격이 강인해질 것이기 때문이다. 또한 부모가 친구들과 즐겁게 지내는 것을 적극적으로 아이에게 보여주어야 한다. 모임에 자녀를 데려가는 것도 좋다. 또한 아이를 따뜻하게 대하며 아이 스스로 개방적인 태도를 가지도록 이끌어주어야 한다.

　다음은 아이의 자기 효능감을 점검해볼 수 있는 문항이다. 아이에게 다음의 문항에 답을 하라고 한 다음, 그 결과를 보고 현재 아이의 자기 효능감 상태를 파악하면 된다.

자기 효능감 검사

〈응답요령〉

'거의 그렇다'고 생각하면	4번	1	2	3	④
'대체로 그렇다'고 생각하면	3번	1	2	③	4
'대체로 아니다'고 생각하면	2번	1	②	3	4
'전혀 아니다'고 생각하면	1번	①	2	3	4

* 표시 방법은 ○표를 하면 됩니다.

	전혀 아니다	대체로 아니다	대체로 그렇다	거의 그렇다
1. 나는 학교공부를 시작할 때 대부분의 내용을 잘 학습할 수 있다고 생각한다.	1	2	3	4

2. 나는 학습내용이 복잡하더라도 이해할 때까지 계속 노력한다.	1	2	3	4
3. 나는 계획한 만큼 공부하기 전에는 절대로 그만두지 않는다.	1	2	3	4
4. 나는 공부할 때 어려운 내용이 나오면 반드시 이해하고 넘어간다.	1	2	3	4
5. 나는 공부할 때 내가 세운 목표를 이룰 때까지 계속 노력한다.	1	2	3	4
6. 나는 학습내용이 어렵다고 생각해도 잘해낼 자신이 있다.	1	2	3	4
7. 나는 공부할 때 대부분의 내용에 자신감이 있다.	1	2	3	4
8. 나는 공부할 때 별로 공부하고 싶지 않은 내용이라도 끝까지 공부한다.	1	2	3	4
9. 나는 공부하겠다고 결정하면 즉시 시작한다.	1	2	3	4
10. 나는 공부할 때 무언가 방해를 받아도 공부를 계속할 수 있다.	1	2	3	4
11. 나는 새로 배우는 학습내용이 어려워도 이해할 때까지 계속 노력한다.	1	2	3	4

12. 나는 새로운 내용을 배우고자 할 때 처음에 어려움을 느껴도 절대 그만두지 않는다.	1	2	3	4
13. 나는 앞으로 공부를 잘할 수 있다고 생각한다.	1	2	3	4
14. 나는 내가 하는 학습방법이 효과적이라고 생각한다.	1	2	3	4
15. 나는 학교공부에서 나 자신의 능력을 믿는다.	1	2	3	4
16. 나는 공부할 때 쉽게 그만두는 일이 없다.	1	2	3	4
17. 나는 공부할 때 내가 어려움을 느끼는 이유를 대개는 쉽게 알 수 있다.	1	2	3	4
18. 나는 새로운 학습내용이 나오면 매우 빠르게 이해하는 편이다.	1	2	3	4
19. 시험실패는 나 자신을 더 열심히 노력하도록 만든다.	1	2	3	4
20. 나는 새로운 학습내용을 공부할 때면 대개 어떻게 공부해야 할지를 안다.	1	2	3	4
21. 나는 노력만 하면 어려운 내용도 잘 공부할 수 있다고 믿는다.	1	2	3	4
22. 나는 다른 사람의 도움 없이도 스스로 계획을 세워 공부할 수 있다.	1	2	3	4

23. 나는 공부할 때 아무리 어려운 때가   1   2   3   4

있더라도 잘 이겨낸다.

24. 나는 공부할 때 다른 사람의 도움 없이   1   2   3   4

혼자서 할 수 있다.

위의 24개 문항에 대한 점수를 모두 합하면 24점에서 96점 사이의 점수가 나오는데, 합한 점수가 50점 이하이면 낮은 효능감을 갖고 있는 것이다. 적어도 70점 이상이 나와야 높은 효능감을 가지고 있다고 볼 수 있다.

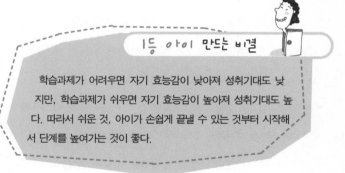

1등 아이 만드는 비결

학습과제가 어려우면 자기 효능감이 낮아져 성취기대도 낮지만, 학습과제가 쉬우면 자기 효능감이 높아져 성취기대도 높다. 따라서 쉬운 것, 아이가 손쉽게 끝낼 수 있는 것부터 시작해서 단계를 높여가는 것이 좋다.

11 성격에 맞는
맞춤공부 방법을 찾아준다

아이들의 성격은 다 다르다

중학교 2학년과 초등학교 5학년인 두 아들을 둔 재일이 엄마는 요즘 둘째의 과외문제로 고민중이다. 첫째 재일이가 과외를 해서 많은 효과를 보았기 때문에 둘째에게도 과외를 시켜보려 했는데 아이가 계속 싫다고 하기 때문이다. 두 아이는 형제이지만 성격이 매우 다르다.

첫째아이는 성격이 활달하고 밝아서 친구는 많은데 계획성이 없어 마무리를 잘 짓지 못하고 덜렁거리기 일쑤이다. 그 반면에 둘째아이는 내성적인 성격이라 방에서 혼자 보내는 시간이 많고 첫째아이와는 달리 일의 마무리도 잘하는 편이다. 재일이 엄마는 혹시 성격에 따라 학습방법도 달라져야 하는 것은 아닌가 하는 생각이 든다고 한다.

심리학자 융(Jung)은 인간의 성격을 유형별로 나눈 것으로 잘 알려져 있다. 외향성과 내향성의 구분도 융이 만든 이론이다. 융은 우리가 생각하고 느끼고 행동할 때 사람마다 다른 것은 사람의 성격유형이 다르기 때문이라고 보았다.

어떤 사람은 처음 만난 사람과도 얘기를 잘 나누며 금방 친숙해지는가 하면, 어떤 사람들은 상대가 말을 걸어오면 그때서야 말을 한다. 사물이나 사건을 보는데도 하나하나를 구체적으로 보는 사람이 있는가 하면, 전체적인 윤곽을 보는 사람이 있다. 일을 처리할 때도 원리원칙을 고집하는 사람이 있는가 하면, 그때 그때의 상황이나 자신의 감정을 더 중요시하는 사람도 있다. 이러한 차이를 성격의 유형별로 보고 성격유형 검사를 개발한 것이 MBTI 검사이다.

MBTI 검사는 많은 성격검사 가운데서 요즘 가장 인기를 끄는 검사이다. MBTI 검사가 나온 이후에 아동과 청소년을 위한 성격유형검사가 개발되었는데, MMTIC 검사가 그것이다. 이 검사는 자신이 선호하는 학습방법이 어떤 것인지 알려주기 때문에 아이들이 자신의 학습방법을 정하는데 도움을 준다. 또한 자신의 장·단점을 인식할 수 있어 장점에 대해서는 자긍심을 갖고 단점에 대해서는 보완할 수 있는 여러 방법들을 찾게 해준다. 따라서 바람직한 학생의 역할을 수행할 수 있게 한다. MMTIC 검사는 4가지 지표에 따라 성격유형을 정한다.

아이의 성격에 따라 공부방법도 달라야 한다

　인간의 성격을 유형별로 나누는데 사용하는 4가지 선호지표는 아래의 그림과 같다.

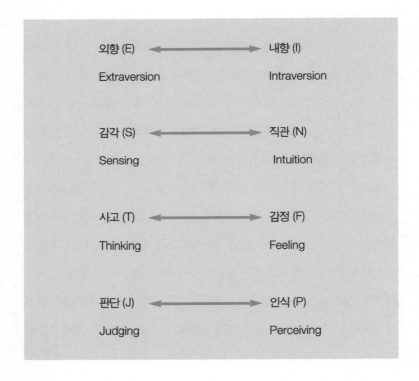

　이들 선호지표로써 기본적인 성격을 8가지 유형으로 나눌 수 있는데, 유형별로 학습방법에 차이가 있다.

◆ **외향형(E) 아이**

　외향형 아이들은 의견을 발표할 수 있는 수업일 때 더 잘 학습할 수 있다. 사물을 능동적으로 바라보며, 누군가가 시범을 보여주면 학습내용을 더 효과적으로 이해할 수 있다. 그러므로 혼자 공부하는 것보다는 학원에 다니거나 과외를 할 때 더 효과적이다. 또한 환경에 자유롭게 적응하기 때문에 실수해도 충분한 시간이 주어지면 실수를 거울삼아 효율적인 학습을 할 수 있다. 또한 외향형의 학생들은 혼자 공부하는 것보다 여럿이 함께 공부할 때 효과가 더 크게 나타난다.

◆ **내향형(I) 아이**

　내향형 아이들은 문제를 해결할 때 문제와 관련된 사실적인 요소와 가능성에 대해 생각할 여유를 주어야 한다. 이들은 머릿속에서 여러 가지 지식들을 탐색해보는 내적인 과정을 좋아하기 때문이다. 또한 집단토론을 시킬 때도 내향형 아이는 토론에 들어가기에 앞서 주제에 대한 설명이 필요하다. 즉 새로운 상황을 경험하기 전에 여러 가지 생각을 해보면서 먼저 이해하는 과정이 필요한 것이다. 내향형의 아이들은 자기만의 개인적인 공간을 선호하며 혼자 일을 처리하는 것을 좋아한다.

◆ 감각형(S) 아이

감각형 아이들은 오감을 통해 정보를 수집하는 것을 좋아한다. 그러므로 텔레비전이나 인터넷, 오디오 등 시청각 교재를 활용하면서 공부하는 것을 좋아한다. 이들은 현실적이고 실제적인 감각이 훨씬 발달되어 있어서 구체적인 사실을 선호한다. 따라서 미래의 일보다는 현재 일어나는 일에 관심이 많고 자신이 직접 경험하는 것을 좋아한다.

◆ 직관형(N) 아이

직관형 아이들은 독창력을 발휘할 수 있는 과제를 자기 방식대로 하기를 좋아한다. 이들은 육감을 통해 정보를 수집하기 때문에 상상, 공상, 추리를 요하는 직업을 선호하며 현재보다 미래에 관심이 많다. 또한 문제 상황에 직면했을 때 곧바로 아이디어를 창출해낼 수 있는 통찰력이 우수하다. 이들은 자기 나름대로 새로운 기법을 고안해서 학습하기를 좋아하므로 이를 인정해주고 격려해주어야 한다.

◆ 사고형(T) 아이

사고형 아이들은 선택하고 결정하여 판단해야 할 때 논리와 객관적인 분석을 바탕으로 결정을 내린다. 이들은 정의와 공정성의 원리를 중시하기 때문에 사적인 관계나 동정심 같은 감정이 개입되는 것을 싫어한다. 수업시간도 수업목표가 제시되어 있고 그 목표에 따라

체계적으로 운영되는 구조화된 수업을 더 좋아한다. 특히 선생님이 학생들을 평가할 때도 공정성을 무엇보다도 중요하게 생각한다.

◆ 감정형(F) 아이

감정형 아이들은 객관적이고 논리적인 판단보다는 사람들이 어떻게 느끼고 어떻게 영향을 미칠까를 생각하며 사람 중심으로 결정을 내린다. 다른 사람의 기분에 민감하고 자신의 결정이 그들에게 미칠 영향을 중요하게 생각하는 경향이 크다. 그러므로 급우간의 갈등, 선생님과의 갈등이 있을 경우, 몹시 스트레스를 받을 수 있다. 또한 과제 중심보다는 사람 중심이기 때문에 칭찬할 때도 잘한 과제에 대한 칭찬뿐만 아니라 아이에 대한 칭찬도 함께 해주는 것이 좋다.

◆ 판단형(J) 아이

판단형 아이들은 질서 있고 계획적이며 구조화된 생활양식을 좋아한다. 계획에 따라 공부함으로써 많은 효과를 보며 정해진 시간 내에 숙제를 끝내기 좋아한다. 마무리 짓기를 좋아하기 때문에 숙제를 끝내지 않으면 다른 일을 결코 하지 않는다. 그러므로 학습과제도 보다 체계적으로 제시된 것을 좋아한다.

◆ 인식형(P) 아이

인식형 아이들은 자발적이고 융통성 있는 생활양식을 좋아한다.

호기심이 많기 때문에 하나의 과제가 끝나기도 전에 다른 과제에 관심을 보인다. 이들 학생들은 충동적이고 즉흥적인 행동을 잘 한다. 한꺼번에 너무 많은 일을 시작해 마무리하는데 어려움을 느끼기 쉬우므로 시간을 계획적으로 쓰도록 도와주어야 한다. 대체로 이들은 숙제를 제 시간에 못하고 코앞에 닥쳐야 서두르는 경향이 있다. 그러므로 미루는 버릇을 고치는데 역점을 두어야 한다.

이와 같이 8가지 유형으로 나눌 수 있다. 그러나 실제 MMTIC 검사에서 나타나는 성격의 유형은 16가지이다. 그것은 4가지 선호지표가 각각 두 가지 유형으로 나누어지기 때문이다. 즉 한 개인의 성격유형은 4가지 지표 모두에서 한 가지씩 해당하기 때문에 전체 성격유형은 2×2×2×2의 16가지가 나타난다. 예를 들어 성격유형이 ENFJ의 성격유형이라면, 외향성이면서 직관형이고, 감정형이면서 판단형인 성격유형을 말한다.

사람은 모두 장점과 단점이 있다. 아이의 장점은 살리고 단점은 보완해주면 친구관계나 환경 적응에 유리하다. 아이의 성격 유형을 알면 그에 따른 학습 방법도 달라야 한다. 이것이 바로 아이의 특성에 따른 맞춤공부의 핵심이다. 자신의 타고난 성향을 잘 발휘하여 자기 나름의 학습 방법을 갖추면 재미있고 편하게 공부를 잘할 수 있음은 물론 남보다 적은 노력으로 더 큰 성과를 올릴 수 있는 것이다.

개인 간의 성격 유형의 차이는 우열의 차이가 아니다

사람들은 저마다 좋아하는 것이 다르다. 과일에서도 사과를 좋아하는 사람, 배를 좋아하는 사람, 감을 좋아하는 사람 등 좋아하는 것이 다르다. 이때 사과를 좋아하는 사람이 배를 좋아하는 사람보다 더 우월하다고 말할 수 없다. 단지 서로 취향이 다를 뿐이다.

성격도 마찬가지다. 좋은 성격과 좋지 않은 성격이 따로 있는 것이 아니다. 그러나 일반적으로 활발하고 개방적이며 외향적인 성격이 수줍고 조용하며 내성적인 성격보다 더 좋은 성격이라고 생각한다. 그래서 부모들은 아이가 내성적일 때 많은 걱정을 한다. 그러나 외향적인 성격과 내성적인 성격은 나름대로 장·단점이 있을 뿐 좋고 나쁨의 차이는 아니다.

외향적인 성격은 대인관계가 좋아 사회성 발달에 도움이 된다. 그러나 외향적인 성격은 책상에 진득하게 앉아 끈기를 갖고 공부하기는 어렵다. 특히 지금 같은 정보화 사회에서는 컴퓨터 앞에 앉아 몇 시간이고 활동해야 하는데, 사람과의 관계를 너무 좋아하는 아이들은 쉽게 싫증낼 수 있는 것이다.

반면에 내성적인 아이들은 지금의 정보화 사회에 잘 맞는 성격이다. 하나의 과제에 오랫동안 몰두하고, 깊이 생각할 수 있는 장점을 가진 내성적인 아이들은 자신에게 부족한 사회성 발달에 더 많은 관심을 가지면서 자신의 약점을 보완하려고 노력하면 된다.

아이들이 가정과 학교에서 갈등을 겪는 이유는 사람 간의 관계가 매끄럽지 못해서이다. 집에서는 부모와 갈등이 있고, 학교에서는 친구들이나 선생님과 갈등이 있다. 갈등의 원인은 여러 가지가 있을 수 있지만 그 중 하나가 성격 차이다.

요즘은 부모-자식 관계도 궁합이 맞아야 한다는 말이 있다. 궁합이 맞는다는 말이 바로 성격 유형이 비슷하다는 것이다. 부모와 자식의 성격이 서로 닮았으면 비슷하게 판단하고 결정하고 행동하기 때문에 갈등이 없다.

그러나 부모-자식간이라도 비슷한 성격을 갖기는 어렵다. 이럴 경우에 부모는 자신과는 다르지만 아이의 성격을 이해하고 인정해주어야 한다. 모든 성격은 장ㆍ단점을 가지고 있기 때문에 엄마의 성격만 좋은 성격이고 아이의 성격은 고쳐야 한다는 생각은 잘못이다. 아이의 성격이 엄마인 자신과 다르지만 나름대로의 장점을 가지고 있다는 것을 깨달아야 한다.

이렇게 성격이 다르기 때문에 많은 갈등이 있었다는 것을 인정하면 엄마는 매우 관대해질 수 있다. 이렇게 하면 아이는 자신을 긍정적으로 생각할 수 있다. 나아가 긍정적인 측면을 강화하고 부정적인 측면을 보완하려는 의지를 갖게 된다. 이러한 자신의 성격 이해를 통해 갖는 자아 존중감은 아이의 학습의욕을 높이는데 큰 도움이 된다.

아이들은 각자 다른 모습으로 태어난다. 각자의 다른 점을 존중하고 이해하는 환경에서 아이들은 그들의 개성과 능력을 키우고 건강하게 성장할 수 있다.

1등 아이 만드는 비결

사람은 모두 장점과 단점이 있다. 아이의 장점은 살리고 단점은 보완해주면 친구관계나 환경 적응에 유리하다. 아이의 성격 유형을 알면 그에 따른 학습 방법도 달라야 한다. 이것이 바로 아이의 특성에 맞춘 맞춤공부의 핵심이다.

12 공부에 대한 불안감을 어떻게 얼앨 것인가?

불안한 상태에서는 공부를 잘할 수 없다

중학교 2학년인 정환이는 요즘 저녁시간만 되면 가슴이 두근거린다고 한다. 집안 경제 사정이 안 좋아지는 바람에 과외를 그만두고 아빠가 공부를 가르쳐주기 시작했기 때문이다. 그런데 아빠는 정환이가 문제를 잘 못 풀거나 대답을 잘 못하면 때릴 듯이 혼내는 아주 엄한 분이어서 정환이는 아빠와 공부할 생각만 해도 무섭다고 한다.

아빠가 아이들을 가르칠 때 정신 차리게 할 목적으로 무섭게 대하는데, 이러한 방법은 도리어 학습을 방해한다. 사람은 불안하면 각성 수준이 높아진다. 각성 수준이란 깨어 있는 상태를 말하는 것으로서 공부를 하는데 필요한 상태이다. 하지만 이 각성 수준이 지나치게 높으면 공부가 더 안 된다. 반대로 아이가 공부할 때 멍해 있는 경우가 있는데, 이것은 아이의 각성 수준이 지나치게 낮은 상태이며 각성 수준이 지나치게 높을 때와 마찬가지로 공부를 잘할 수가 없다.

학자들이 학생들의 각성 수준과 학습 수행의 상관관계를 알아본 결과 '엎어놓은 U' 자의 형태를 보인다는 것을 발견했다. 즉 각성 수준이 지나치게 낮거나 높으면 공부가 잘 안되고, 적절한 수준의 각성상태에서 공부를 잘할 수 있다. 따라서 공포분위기를 조성하면서 아이를 가르치는 것은 바람직하지 않다.

스트레스를 받으면 뇌 속의 사고회로가 폐쇄된다

수업시간에 선생님이 갑작스럽게 호명하면서 물어보면, 평소에 알던 것도 생각나지 않아 대답을 못 하는 경우가 있다. 퀴즈 프로에 나가서 정답을 맞힐 때 분명히 아는 내용인데도 순간적으로 생각나지 않아 정답을 놓치는 경우가 많다. 모두가 스트레스 때문이다.

사람은 스트레스를 받으면 아드레날린, 또는 노르아드레날린 같은 호르몬이 분비되는데, 이러한 호르몬이 뇌세포간의 전달을 억제시켜 사고회로를 막는다. 사고회로가 막히면 아무 생각이 나지 않아 순간적으로 멍해지는 것이다.

이러한 것들을 연구하는 학문을 교육생물학이라고 하며 현재 활발하게 연구가 진행되고 있다. 수업시간에 학생들에게 질문을 할 때, 호명을 하고 질문을 하는 것이 좋은가, 아니면 질문을 하고 호명을 하는 것이 좋은가를 볼 때, 질문을 먼저 하는 것이 좋다. 호명을 일단 받으면 갑자기 긴장이 되어서 질문의 내용조차도 입력이 안 되는 수가 있기 때문이다. 이처럼 스트레스를 받지 않는 편안한 상태에서 공부가 잘된다는 것을 인식하고 부모가 아이를 가르칠 때는 되도록 위협적이고 강압적인 학습 분위기를 조성하지 말아야 한다.

아빠가 학교 다닐 때와 현재의 학습방법에는 차이가 있다

현재 부모 세대가 학교 다닐 때의 공부 방법은 무조건 외우면 되는 것이었다. 즉 암기력이 뛰어나면 좋은 성적을 올릴 수 있었던 것이다. 그래서 시험 전날 당일치기로 다음날 시험 볼 과목을 달달달 외우면 되곤 했다. 그러나 현재의 학습방법은 외우는 것만으로는 안 된다. 아니 외우는 것이 불가능하다. 지금은 학습의 양이 부모가 학교 다닐 때의 학습량보다 몇 배는 더 많을 뿐만 아니라 그 많은 양을 외우는 일 자체가 어려운 것이다.

이제는 이해를 해야 한다. 내용 자체를 외우는 것보다는 내용 안에 들어 있는 구조를 파악해서, 하나를 배우면 열을 알 수 있는 상태가 되어야 하는 것이다. 흔히 암기과목이라고 여기는 사회과목도 외우는 것이 능사가 아니다.

예를 들어보자. 부모 세대가 세계사 시간에 배웠던 내용 중에, 르네상스 시대의 3대 화가로 레오나르도 다빈치, 미켈란젤로, 라파엘을 배웠을 것이다.(얼마나 열심히 외웠었는지 30여 년이 지난 지금도 외울 수가 있다.)

그러나 지금은 이 세 화가의 이름이나 이들의 작품을 외우는 것은 별로 중요하지 않다. 아이들이 정작 중요하게 학습해야 할 것은 왜 이들이 르네상스의 화가인지를 아는 것이다.

그러기 위해서 아이들은 이들의 작품을 봐야 한다. 미켈란젤로의 다비드상을 보면서 르네상스 이전 시대와 무엇이 다른가를 알아야 한다. 르네상스 이전 작품 속의 사람들은 옷으로 온몸을 가리고 있는데, 다비드상은 완전히 벗은 나체이다. 신 중심의 중세 사회에서는 인간의 육체는 부끄러운 것이므로 옷으로 가려야 하는 것으로 인식했지만, 인간 중심의 르네상스 시대에는 인간의 육체는 자랑스러운 것이므로 드러낼 수 있게 된 것이다.

즉 학생들이 르네상스를 배울 때 그 세부적인 단편적 사실들을 외우는 것보다는 '신 중심의 사회에서 인간 중심의 사회로의 전환'이라는 구조를 파악하는 것이 중요하다. 이러한 구조를 파악하면 르네상스와 관련된 많은 내용들을 외우지 않고 이해할 수 있다. 그런데 이러한 구조 파악은 부모가 해주기 어렵고 독서 등을 통해서 아이 스스로 발견해야 하는 것이다.

위의 예를 보면, 현재 우리 부모들이 아이들을 어떻게 가르쳐야 하는지를 알 수가 있다. 책상에 앉히고 달달 외우게 할 것이 아니라 박물관이나 도서관에 함께 가서 아이와 대화를 나누는 것이 더 좋은 학습방법인 것이다. 지금은 학교에서도 이해 중심으로 가르치려고 노력한다. 따라서 부모들이 할 수 있는 것은 "암기과목은 없다. 외우려고 하지 말고 이해하려고 해라"라고 아이에게 말해주는 것이다.

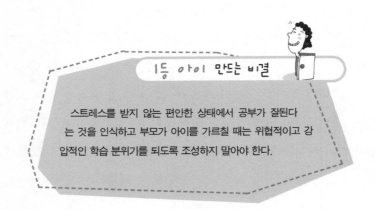

1등 아이 만드는 비결

스트레스를 받지 않는 편안한 상태에서 공부가 잘된다는 것을 인식하고 부모가 아이를 가르칠 때는 위협적이고 강압적인 학습 분위기를 되도록 조성하지 말아야 한다.

13 공부하고 싶은 성취동기를 키워준다

말을 물가에 데려갈 수는 있어도 강제로 물을 먹일 수는 없다

위의 속담은 학습에서 동기가 얼마나 중요한가를 단적으로 표현한 것이다. 엄마가 아무리 잔소리를 하고 무섭게 해도 아이 스스로 정신을 차리지 않으면 아무 소용이 없다. 잔소리를 해서 책상에 앉게 할 수는 있지만 제대로 공부하게 할 수는 없는 것이다. 책상에서 딴짓을 한다든가 멍하게 먼 산만 바라보는 아이, 공부를 한다 해도 오랫동안 하지 못하고 어느새 일어나 버리는 아이, 성적이 떨어지면 이를 악물고 열심히 하는 것이 아니라 별로 개의치 않으면서 천하태평인 아이… 이런 현상이 나타나는 것은 모두 동기부여가 안 되기 때문이다. 즉 공부를 하고 싶은 생각이 없기 때문이다.

동기에는 성취동기와 실패회피 동기가 있다.

성취동기는 성공추구 동기라고도 하는데, 성공했을 때나 실패했을 때나 항상 스스로 동기를 고쳐시켜 준다. 성공추구 동기가 강한 아이는 실패를 두려워하지 않으며, 실패했을 때에도 좌절하지 않고 이를 악물고 더 열심히 한다. 반면에 실패회피 동기가 큰 아이는 성취 열망이 낮으며, 실패에 대한 두려움이 커서 쉬운 과제만 하려고 한다. 이러한 아이는 모험과 도전의욕이 없기 때문에 생산적인 학습 활동이 어렵다.

우리 사회에는 의외로 실패회피 동기가 큰 사람들이 많다. 그렇다면 구체적으로 실패회피 동기를 가진 사람들의 특성은 어떤 것일까?

첫째, 사람의 능력은 변하지 않는 고정적인 것이라고 생각한다.(능력을 신장시킬 노력을 하지 않는다.)

둘째, 유능감과 자기 가치에 대해 확신을 갖지 못한다.

셋째, 실패할지도 모르는 활동은 회피하며, 자신이 노력형이 아님을 강조한다.(만일 내가 너만큼만 노력했으면 너 정도의 성적은 쉽게 받을 수 있지, 내가 공부를 못하는 것은 노력을 안 해서야.)

노력을 안 해서 실패한 것을 부끄럽게 생각해야 한다

우리 사회에서는 능력 부족으로 실패한 경우보다 노력을 안 해서 실패한 경우가 견디기 쉽다. 노력하지 않고도 공부를 잘하는 아이를 존중하는 경향이 있기 때문이다. 사실 노력하는 것은 위험한 일이다. 노력을 했는데도 실패할 경우 능력이나 유능감, 또는 자존감을 다칠 수 있기 때문이다. 담임 선생님과 면담할 때 거의 모든 엄마들이 "아이가 머리는 괜찮은데 노력을 하지 않아요"라고 말한다. 시험기간 때 등굣길에서 아이들이 하는 말을 들어보면 대부분 공부를 안했다는 얘기뿐이다.

"12시에 알람을 맞추고 잤는데 시계가 고장 났었나봐, 글쎄 눈을 떴더니 아침인 거야. 공부를 하나도 못했어."

어떤 대학생은 시험 전날 일부러 미팅을 하고 술을 진탕 마시곤한다. 이러한 행동들은 빠져나갈 구멍을 마련하느라고 하는 것이다. 즉 이렇게 공부를 안 했는데도 성적이 좋으면 내 머리가 좋기 때문이라고 의기양양해 할 수 있으며, 반면에 성적이 나쁘게 나오더라도 공부를 안 했기 때문이라는 핑계를 댈 수 있기 때문이다.

이러한 실패회피 동기는 아이가 성장하고 발전하는데 전혀 도움이 되지 못한다.

이제는 인식이 바뀌어야 한다. 머리가 좋은데 노력을 안 해서 공부를 못하는 아이와 머리가 나빠 아무리 열심히 해도 공부를 못하는 아이 중에서 우리가 인정해줘야 할 아이는 후자이다. 능력보다는 노력을 존중하는 사회가 되어야 하는 것이다.

실패의 원인을 무엇으로 돌리는가로 학업성취를 예견할 수 있다

사람은 "왜?"라는 말을 참 좋아한다. 배가 아플 때에도 배가 아프다는 생각보다는 먼저 "배가 왜 아프지? 뭘 잘못 먹었나?" 하는 식으로 원인 찾기를 좋아한다. 마찬가지로 성적이 좋을 때나 성적이 나쁠 때 그 원인을 어딘가로 돌리는데, 이러한 원인 돌리기를 '귀인(歸因)'이라고 한다.

귀인의 유형은 능력, 노력, 과제의 난이도, 운이다. 이 4가지 귀인의 유형을 알아보기 위해서 성적이 좋게 나왔을 때와 나쁘게 나왔을 때의 예를 들어 보면 다음과 같다.

귀인 유형	성적이 좋게 나왔을 때	성적이 나쁘게 나왔을 때
능력	난 역시 머리가 좋아.	난 역시 머리가 나쁜가 봐. 그러니 되는 게 없지.
노력	열심히 공부했더니 좋은 결과가 나왔군. 다음에도 더 열심히 해야지.	이번 시험에는 공부를 열심히 안 했어. 열심히 공부하면 성적이 좋아지겠지.
과제의 난이도	이번 시험 문제는 대체로 쉬웠어. 그래서 좋은 점수가 나온 거야.	수학 선생님은 항상 문제를 어렵게 내셔. 그러니 점수가 나쁠 수밖에.
운	역시 난 예상문제 찍는 데는 귀신이야. 난 역시 운이 좋아.	재수없게도 내가 공부한 부분은 하나도 나오지 않았어.

위의 표를 보면, 우선적으로 알 수 있는 것이 과제의 난이도나 운으로 원인을 돌려서는 안 된다는 것이다. 이 두 가지는 학생이 어떻게 할 수 없는 것이고, 또 앞으로 어떻게 될지 모르는 것이기 때문에 열심히 공부를 안 하게 된다.

역시 가장 바람직한 것은 노력으로 원인을 돌리는 것이다. 능력으로 원인을 돌리는 것도 좋지만 실패했을 때의 능력 귀인은 자기비하에 빠져 절망하고 공부를 포기하는 수도 있기 때문에 조심해야 한다. 그러나 성공했을 때의 능력 귀인은 자존심을 살릴 수 있기 때문에 바람직하다. 그러므로 성공했을 때에는 능력과 노력으로, 실패했을 때에는 노력으로 원인을 돌려야 한다. 그러나 무엇보다도 아이 스스로 통제할 수 있는 노력으로 원인을 돌리는 것이 중요하다.

아이가 어떤 식으로 원인을 돌리는지 알아본다

노력으로 원인을 돌리는 것이 중요함에도 불구하고 능력이나 과제의 난이도, 운 같은 학습자가 통제할 수 없는 것으로 원인을 돌릴 경우, 앞으로의 학업성취에 대해 긍정적인 기대를 하기 어렵다. 다음의 검사문항을 아이에게 표시하도록 해서 아이의 귀인 성향을 알아볼 수 있다.

번호	내 용	그렇다	아니다
1	내가 앞으로 공부를 잘하느냐 못하느냐의 문제는 내 능력에 달려 있다.		
2	아무리 노력해도 결과는 마찬가지이므로 노력할 필요가 없다.		
3	소원을 빌면 좋은 일이 일어날 것이다.		
4	누구나 열심히 노력하기만 하면 좋은 성적을 받을 수 있다.		
5	운보다는 응원하는 것이 시합에서 이기는 데 도움이 된다.		
6	나에 관한 결정은 거의 다 내가 스스로 내리도록 부모가 허락해주어야 한다.		
7	내가 일을 잘못했을 때 그것을 고치기 위해서 내가 할 수 있는 일은 거의 없다.		
8	사람들이 나를 좋아하느냐 싫어하느냐 하는 것은 내 행동에 달려 있다.		
9	나쁜 일이 벌어지면 내가 아무리 막으려 해도 막을 수 없다.		
10	학교에서 딴 아이들은 대개 나보다 훨씬 똑똑하기 때문에 나는 아무리 노력을 해봤자 소용없다고 느낀 적이 많다.		
11	노력만 하면 내가 하고 싶은 대로 할 수 있다.		
12	내 공부의 방향은 내가 결정하기보다 윗사람들이 거의 결정을 해주고 있다.		
13	내가 앞으로 좋은 성적을 얻느냐 못 얻느냐는 나의 학습방법에 달려 있다.		
14	내가 바라던 성적을 얻은 것은 재수가 좋았기 때문이다.		
15	내가 능력이 있다 하더라도 선생님에게 잘 보이지 않으면 좋은 성적을 얻지 못할 것이다.		
16	내가 기대했던 성적을 받은 것은 재수가 좋아서가 아니라 내가 열심히 노력했기 때문이다.		

앞의 문항 중에서 '그렇다'에 ○표를 해야 할 것은 2, 4, 5, 6, 8, 11, 13, 16이고, 그 나머지는 '아니다'에 ○표를 해야 한다. 그러나 1번의 경우는 '그렇다'와 '아니다' 모두에 해당되는데, 평소에 성적이 좋았던 아이는 '그렇다'에, 성적이 좋지 않았던 아이는 '아니다'에 ○표를 하는 것이 바람직하다. '그렇다'에 ○표를 해야 할 문항의 내용을 보면, 공부를 포함해서 세상을 살아가는데 주도적으로 자기가 결정하고 책임지는 모습들이다. 결론적으로 공부와 관련된 원인 돌리기는 아이 자신이 통제할 수 있는 '노력'으로 돌리도록 지도해야 한다.

아이들의 잘못된 원인 돌리기를 고치기 위해서는 훈련이 필요하다

자신의 성적에 대한 원인을 무엇으로 돌리느냐에 따라 앞으로 이 학생이 얼마나 노력을 할 것인가, 정서적 경험을 어떻게 할 것인가, 미래의 학습에 대한 기대를 긍정적으로 할 것인가 부정적으로 할 것인가가 상당히 달라질 수 있다. 연구 결과, 바람직한 원인 돌리기를 훈련하면 미래 학업성취를 높인다는 사실이 밝혀졌다.

앞에서의 성향검사 결과에 따라 원인 돌리기를 변경시킬 필요가 있으면 다음에 제시한 말로써 아이의 성적결과에 대해 언급해 준다. 이것은 지속적으로 해야 되며, 상당한 효과가 있는 것으로 밝혀져 있다.

◆ 아이가 좋은 성적을 받아 왔을 때

원인을 학습자 내부, 안정적인 방식으로 돌린다(능력, 노력 등으로).

- 너는 수학에 능력이 있구나!
- 너의 아이디어는 가치 있고 창의적이다.
- 너는 응용문제를 푸는 능력이 뛰어나구나.
- 수업시간에 열심히 공부했구나!
- 상당히 열심히 했구나!

◆ 아이가 보통의 성적을 받아왔을 때

보통의 성적이란 부분적인 성공, 부분적인 실패를 의미한다. 이때의 원인 돌리기는 학습자 내부, 안정적, 혹은 불안정적인 방식을 결합해서 하도록 한다.

- 이 부분에서 더 생각해보면 할 수 있었겠구나.
- 이번에는 네가 아는 것을 충분히 활용하지 못했구나. 열심히 하면 잘할 수 있을 거야.
- 네 능력에 비추어 볼 때, 조금만 더 열심히 하면 잘할 수 있겠다.
- 너는 문제를 이해하는 데 부주의했던 것 같다.
- 이 부분에서 너는 네가 아는 것을 잘 활용하지 못했구나.

◆ 아이가 좋지 않은 성적을 받아 왔을 때

원인을 학습자 내부, 변화될 수 있는 노력으로 돌려준다.

- 다음에는 노력을 많이 해야 되겠다.
- 공부를 열심히 해야겠구나.
- 문제를 충분히 이해하지 못했구나. 연습을 더 많이 하면 잘할 수 있을 거야.
- 더 많은 노력을 해야겠구나.

이 같은 훈련은 짧은 기간만 하더라도 효과가 나타난다. 평소에 아이가 나쁜 성적을 받아 왔을 때 엄마인 내가 어떻게 반응했는지 생각해보면 분명히 잘못한 게 있을 것이다. 현재의 좋지 않은 성적에 지나치게 집착하지 말고, 앞으로 아이가 더 잘해 나갈 수 있도록 말 한마디라도 조심해서 해야 한다.

공부의 필요성을 스스로 느끼게 한다

현재 성적이 많이 떨어진 아이들은 전혀 동기유발이 되어 있지 않다. 이러한 아이들은 "공부를 왜 해야 하는지 모르겠어"하는 말을 자주 한다. 이럴 때 흔히 말하듯이 "대학을 가기 위해서"라는 말은 좋은 대답이 될 수 없다.

아이 스스로 공부할 이유를 찾아야 한다. 이를 위해 20년이나 30년 후의 자신의 생활모습을 그려보게 하고 글로 써보게 할 수 있다. 여기에는 추상적인 모습이 아니라 '20년 후 10월 1일'처럼 특정한

날을 정해놓고 아침에 일어나서 저녁에 잠자리를 들 때까지의 생활모습이 구체적으로 들어 있어야 한다. 이런 글을 써보면 정말로 자기가 어떤 모습으로 살아야 할지, 어떤 모습의 삶이 괜찮은 삶인지 느낌이 올 것이다.

다음에는 아이와 앞으로의 삶의 방향 설정에 대해 얘기를 나누어보아야 한다. 우선 아이의 흥미, 적성, 능력을 알아보고 아이가 가치 있다고 여기는 것이 무엇인지를 알아보는 것이다. 그리고 나서 아이가 원하는 직업의 조건 등을 설명해준다. 이러한 과정이 끝나면 아이와 함께 장기적인 목표달성을 위한 학습목표를 세우고, 적어도 한 달 동안만이라도 실행할 수 있는 세부계획을 세운다. 이렇게 세운 장기 목표와 단기 목표를 큰 종이에 써서 아이의 책상 위에 붙여준다.

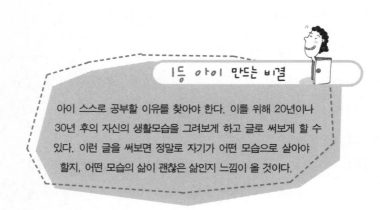

1등 아이 만드는 비결

아이 스스로 공부할 이유를 찾아야 한다. 이를 위해 20년이나 30년 후의 자신의 생활모습을 그려보게 하고 글로 써보게 할 수 있다. 이런 글을 써보면 정말로 자기가 어떤 모습으로 살아야 할지, 어떤 모습의 삶이 괜찮은 삶인지 느낌이 올 것이다.

1등 아이 만드는 공부 비결

초등학교에 예전의 일제고사 같은 학력평가가 부활한다고 한다. 창의성이나 사고력을 보기 위해 되도록 객관식 시험은 지양하고 논술형의 주관식 문제가 많이 출제되리라고 본다. 문제의 배점 등을 고려하여 한 문제에 몇 분을 할애해야 하는지 먼저 계산해놓고 거기에 맞추어 답안을 작성하는 속도를 조정해야 한다.

14 '읽기'에도 전략이 있다

처음 읽을 때는 대충 흐름만 파악한다

국어뿐만 아니라 학교에서 배우는 교과목의 책들은 모두 글로 쓰여 있다. 글의 내용을 잘 이해하는 것은 학생들이 갖추어야 할 필수적인 요소이다. 교과서를 읽을 때는 소설책이나 잡지책, 만화책을 읽을 때와는 다르게 읽어야 하는데, 많은 아이들이 읽기 전략을 가지고 있지 않아 같은 방법으로 읽고 있는 것 같다. 교과서를 읽을 때는 정독을 해야 한다. 그러나 정독은 단순히 천천히 읽고 자세하게 읽는 것만을 의미하지는 않는다. 읽기 전략이 따로 있는 것이다.

하루는 이웃집 아이한테 물었다.

"공부를 잘하는 아이와 못하는 아이의 차이는 어디에 있다고 생각하니?"

그 아이는 나보다는 아이들의 상황을 더 잘 알기 때문에 항상 의견을 듣는 편이다. 그 아이의 대답은 바로 내가 생각했던 것과 기막히게 일치했다.

"평소에 공부를 안 하던 아이가 오랜만에 마음먹고 공부하는 걸 보면 우선은 무엇을 어디서부터 해야 하는지 몰라요. 그래서 항상 교과서의 처음부터 시작하는데, 문제는 너무 자세하게 읽는다는 데 있어요. 처음부터 너무 자세하게 읽으니까 진도도 나가지 않고 금방 지쳐버리는 거예요. 그러니까 곧 포기해버리는 거죠. 책을 읽을 때 처음에는 대충 읽으면서 흐름만 파악해야 해요. 그러면 세부사항이 궁금해져 다시 한 번 읽게 되거든요."

바로 이것이 읽기 전략의 핵심이다. 처음부터 자세히 읽지 말고 개요, 요약, 제목, 소제목을 대충 보면서 전체 내용에 대한 큰 틀을 머리에 그려 넣는 것이다.

처음부터 자세하게 읽어서는 안 된다

책을 읽는 핵심 전략은 '자세히 한 번'보다는 '여러 번' 읽는 것이다. 로빈슨이라는 학자가 제시한 SQ3R이라는 독서방법은 읽기 전략으로써 지금도 유용하게 활용되고 있다.

◆ S(Survey : 대략적으로 살펴보기)
첫 번째의 읽기는 조사하는 단계로서 큰 제목, 그림 등을 훑어보고, 또는 요약이나 개관이 있으면 읽어보면서 무슨 내용인가를 파악하는 것이다. 그리고 이 내용에 대해 내가 아는 지식은 어떤 것이 있는지, 또는 이 내용에서 무엇을 배울 수 있는지 생각해 본다.

◆ Q(Question : 질문해 보기)

두 번째 읽기는 질문을 만드는 단계로서 소제목들을 보면서 제목과 관련된 내용에 대해 스스로 질문을 해보는 것이다. 질문을 만들어놓고 책을 읽어야만 어떤 부분이 중요한 부분인지 파악하기가 쉽다. 이것은 시험을 치를 때에도 적용된다. 국어나 영어의 지문이 있는 문제를 풀 때 무작정 처음부터 지문을 읽는 것보다는 아래에 있는 문제를 먼저 보고 문제의 내용이 머릿속에 들어 있는 상태에서 지문을 읽어야 한다. 질문 만들기는 일반적인 학습전략이기 때문에 뒤에 있는 자문자답의 훈련을 참고하기 바란다.

◆ R(Reading : 자세히 읽기)

세 번째 읽기는 비로소 처음부터 자세히 읽는 단계이다. 자신이 만든 질문에 답하기 위해 책을 읽는다고 생각하면서, 읽는 동안 질문에 답할 수 있는 부분을 반드시 표시해야 한다

.

◆ R(Recite : 암송하기)

네 번째 읽기는 암송의 단계로서 다시 한 번 처음부터 읽으면서

앞서 던진 질문의 답을 찾는 과정이다. 특히 이 단계에는 외우는 과정도 포함된다. 읽는 동안 중요한 개념이나 핵심 문장이 나오면 한 번 읽고 잠시 책을 덮은 상태에서 외워본다.

◆ R(Review : 재점검하기)

다섯 번째 읽기는 복습의 단계로서 자신이 이해한 정도를 점검한다. 완전히 이해가 됐는지 확인할 때 자신이 선생님이 되어보는 방법도 좋은 방법이다. 만일 내가 선생님이라면 지금까지 읽은 내용을 일목요연하게 요약해서 학생들에게 설명해줄 수 있는지 생각해보고 실제로 큰소리를 내어 실행해본다.

이 같은 SQ3R의 독서방법은 어찌 보면 너무 복잡하고 지루해 보이기도 한다. 그러나 몇 번만 연습해보면 효과적인 방법임을 금방 깨닫게 될 것이다. 그러면 누가 시키지 않아도 자발적으로 이 방법을 사용할 것이다.

아이의 독서방법을 점검해 보자

다음은 학생들이 현재 사용하는 자신의 독서방법이 효율적인지를 알아볼 수 있는 문항들이다. 이 문항은 모두가 '그렇다'라고 대답해야 한다. 만일 '아니오'라고 답하는 문항이 있다면 바로 그것이 효율적인 독서를 위해 고쳐야 할 점이다.

아래의 문항 중 18번부터 21번까지는 글쓰기 전략에 해당되는 것
이므로 함께 알아두는 것이 좋다.

번호	내　　용	그렇다	아니다
1	나는 새로운 글을 읽을 때 이 내용에 대해 내가 무엇을 알고 있는지 생각해 본다.		
2	나는 글을 읽을 때 이해하기 어려우면 책 읽는 방법을 바꾸어 본다		
3	나는 단원의 제목이나 소제목을 읽고 나서 본문을 읽는다.		
4	나는 책을 읽을 때 요점이나 요약정리를 읽고 나서 본문을 읽는다.		
5	나는 책을 읽을 때 익힘 문제를 먼저 보고 나서 본문을 읽는다.		
6	나는 책 읽기 전에 무엇을 배울 것인지 정확히 알기 위해 질문을 만들어 본다.		
7	나는 책을 읽다가 중요한 부분이나 어려운 내용이 있으면 표시를 해 둔다.		
8	나는 책을 읽다가 이해가 안 되면 다시 앞으로 돌아가서 내용을 짐작해보려고 애쓴다.		
9	나는 글을 읽다가 한 문장의 의미를 모르면 앞 뒤 문장을 읽으면서 그 문장의 의미를 생각해 본다.		

번호	내 용	그렇다	아니다
10	나는 글을읽다가 모르는 낱말이 나오면 그 낱말이 들어 있는 문장을 다시 읽으면서 그 뜻을 짐작해보려고 한다.		
11	나는 글을 읽다가 요점을 분명히 알기 위해 스스로 질문을 던져 본다.		
12	나는 글을 읽을 때 중간 중간 멈추면서 지금까지 읽은 부분을 내 식으로 요약해 본다.		
13	나는 책을 읽고 난 후, 읽은 내용을 확실히 알고 있는지 스스로 질문해 본다.		
14	나는 소단락을 읽고 나면 기억할 것을 확인하기 위해 읽은 내용을 확인한다.		
15	나는 복습할 때 선생님이 강조하신 내용에 특별히 주의를 기울인다.		
16	책을 읽을 때 소리내서 읽거나 중얼거리는 습관이 있다.		
17	나는 책을 읽기 전에 읽는 목적을 미리 생각하고, 읽는 방법을 확인한다.		
18	나는 글을 쓸 때 어떤 방향으로 쓸 것인지 미리 계획을 세운다.		
19	나는 글을 쓸 때 왜 이 글을 쓰는지 그 목적을 미리 생각해본다.		
20	나는 글을 쓰기 전에 먼저 부분적으로 써 본다.		
21	나는 글을 쓸 때 잠시 멈추고 내가 쓴 글을 검토한다.		

자문자답의 방법을 활용한다

수업시간에 선생님이 학생들에게 질문하는 것은 여러 면에서 효율적이다. 우선 학생들의 주의를 끌 수 있을 뿐만 아니라 수업에 집중하지 않는 아이를 수업에 참여시킬 수 있다. 무엇보다 중요한 것은 지금 가르친 내용을 학생들이 이해하고 있는지 알아볼 수 있다는 점이다.

아이들이 공부를 하면서 스스로 질문을 만들어보고 거기에 답을 해보는 자문자답 훈련은 선생님의 질문처럼 많은 이점을 가지고 있다. 자신이 공부한 내용에 대해 질문을 만들 수 있다는 사실은 그 내용을 완전히 이해하고 있다는 의미이기 때문이다. 특히 아이가 만든 질문은 아이의 수준에 맞춘 것이므로 선생님의 질문보다 더 구체적이어서 스스로 답하기가 쉽다. 또한 이렇게 스스로 질문하고 답하면서 아이는 자신이 무언가를 알아간다고 느끼게 되면서 성취의 즐거움도 맛볼 수 있다.

아이들이 공부하는 모습을 보면 건성으로 하는 아이들이 참으로 많다. 심지어는 손에 연필조차 잡지 않고 눈으로 대충대충 읽기만 하는데, 도대체 머릿속에 무엇이 들어갈 것 같지가 않아 보인다. 그런데 어떤 아이들은 쉴새 없이 말을 해가면서 공부를 한다. 이 아이들이 바로 자문자답을 하는 아이들이다. 자신이 공부한 내용을 다시 한 번 점검하는 방법으로 혼자서 질문하고 또 대답하는 것이다.

"차이점은 무엇이고 다른 점은 무엇이지?"

"이 글은 무엇을 주장하려는 거지?"

"이 부분을 요약해본다면?"

"앞으로는 어떤 일이 일어날까?"

"이 글의 제목을 붙인다면 뭐가 좋을까?"

"이 말의 의미는 무엇일까?"

아이들이 공부하면서 만들 수 있는 질문은 수없이 많다. 처음에는 단순한 단답형의 질문을 만들지만, 익숙해지면 공부한 내용을 충분히 이해해야만 답할 수 있는 높은 수준의 질문을 만들 수 있게 된다.

학습이 능동적으로 이루어져야만 효율성을 기대할 수 있다는 말은 너무도 당연한 말이다. 특히 주입식 교육에 익숙해 있는 아이들에게 적극적으로 참여하는 공부, 능동적으로 행하는 공부는 앞으로 반드시 갖추어야 할 태도이다. 그러므로 평소에 자문자답을 하면서 공부하는 태도를 몸에 익힘으로써 자기주도적인 학습을 해나가도록 하는 것이 중요하다.

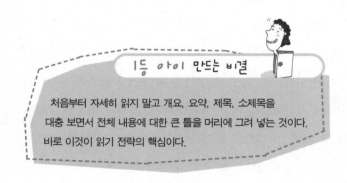

1등 아이 만드는 비결

처음부터 자세히 읽지 말고 개요, 요약, 제목, 소제목을 대충 보면서 전체 내용에 대한 큰 틀을 머리에 그려 넣는 것이다. 바로 이것이 읽기 전략의 핵심이다.

15 영어 공부는
엄마와 함께

우리에게 영어는 모국어가 아닌 외국어일 뿐이다

한 나라에서 영어를 배우는 상황은 세 가지 경우가 있다. 하나는 미국이나 영국처럼 영어가 모국어인 경우와, 유럽의 여러 나라, 또는 인도 등과 같이 영어를 제2 언어로 사용하는 경우, 마지막으로 우리나라나 일본과 같이 외국어로써 영어를 배우기 때문에 일상생활에서는 사용하지 않고 학교나 학원 같은 특정한 장소에서만 사용하는 경우가 있다. 따라서 외국어로 영어를 배우는 나라에서는 영어를 잘하는 것이 무척 힘들다.

이러한 상황을 EFL(English as a Foreign Language) 상황이라고 하고, 제2 언어로 영어를 배우는 상황을 ESL(English as a Second Language) 상황이라고 한다. EFL 상황인 우리나라 사람들이 영어를 잘 못하는 것은 너무도 당연하고 흉이 아니다.

교육부에서는 초등학교 4년간 1,000개 미만의 어휘 습득을 권장하고 있는데, 이 정도로는 결코 영어를 잘할 수 없다. 미국 아이들이 초등학교 입학하기 전에 알게 되는 어휘 수는 5,000개이며, 이는 우리 고등학생들보다 많은 숫자이다. 이미 미국 아이들이 초등학교를 졸업할 때는 10,000개 이상의 어휘를 자유자재로 사용한다는 것을 볼 때, 우리의 영어교육은 그 절대량이 부족하다. 따라서 영어를 집에서 제2 언어처럼 사용하지 않으면 이 간격을 극복할 수 없다. 3살 때 50개 정도 단어만을 일년 내내 반복하고, 4세 때 100개, 5세 때 150개, 6세 때 200개, 7세 때 250개를 알게 하면 어휘량은 눈덩이처럼 증가하게 될 것이다.

영어공부는 학원보다는 엄마와 함께 집에서 해야 한다

현재 초등학교에서 일주일에 한두 시간 배우는 영어공부는 별로 도움이 되지 않는다. 이 부족함을 채우기 위해 학원을 보낸다고 해도 일주일에 10시간 내외의 공부를 하게 되는데, 이 정도의 공부시간은 너무도 부족한 양이다. 우리나라 초등학교의 영어시간은 연간 300시간에 불과하지만, 미국에서 1년 동안 공부하는 아이의 영어시간은 2,500시간에 달해 거의 8배 이상이다. 그러므로 미국에서 1년 동안이라도 공부를 하고 온 아이들이 영어를 잘하는 것은 영어를 많이 해서이지 외국에서 공부를 했기 때문이 아니다.

그렇다고 유학을 보낼 형편도 아니고, 조기유학의 부작용이 속속들이 나타나고 있는데 굳이 유학을 고집할 필요는 없다. 방법은 하나, 부모가 나서는 것이다. 집 안에서 어떤 식으로든지 영어를 하도록 하자. 영어를 다 잊어버렸다고 겁낼 필요가 없다. 부모들이 중·고등학교 때 배웠던 영어는 죽은 지식이 아니다. 머리 속에 잠재되어 있어 계기만 있으면 활성화될 수 있는 지식이다. 최소한 중학교 1-2학년 정도의 영어실력만 있으면 집안에서 영어를 하는데 지장이 없다.

개그맨들이 하는 것처럼 단어만 영어로 하는 대화로 시작한다

아이들이 어릴 때, 말을 배우는 과정을 보면, 처음엔 한 단어말로 그 다음에 두 단어, 그 다음은 짧은 문장으로 하다가 마침내 완전한 문장을 구사하게 된다. 즉 '물', '엄마 물', '엄마 물 왔다' 식이다. 이처럼 영어를 배울 때에도 한 단어에서 두 단어 문장으로 점점 어휘 수를 늘려가는 것이다.

개그맨들이 웃기느라고 단어만 영어로 하는 문장을 구사하는데, 부모도 이런 식으로 단어들만 나열하는 식으로 아이와 대화를 하여도 좋다. "애플이 맛있다"라고 하면 우습게 들릴지 모르지만 단어만을 떼어서 가르치는 것보다 군데군데 영어 단어가 섞인 말이라도 문장으로 연습하는 것이 나중에 문장을 익혀나가는데 도움이 된다.

유창한 발음에 연연하지 않는다

본토 발음을 배우기 위해서는 원어민한테 반드시 배워야 하고, 본토에서 배워야 한다는 생각을 하고 있는데, 그럴 수 없는 상황이라도 걱정하지 말자. 필리핀이나 인도사람들의 영어발음을 들으면 이상하게 들리지만 의사소통하는 데는 전혀 문제가 없다. 발음의 문제는 본토 발음이 중요한 것이 아니라 영어 발음의 원리를 아는 것이 중요하다.

영어는 강세가 중요하다. 단어 강세는 물론, 문장의 강세 수에 따라 말하는 시간이 결정되기 때문에 강세를 주는 방법과 그에 따라서 발음하는 방법을 익히는 것이 좋다. 문장에 강세를 두면서 읽어야 하는 영어는 리듬이 있기 때문에 이 리듬에 맞추어 발음하는 연습을 하는 것이 좋다. 따라서 장단을 맞추어 가며 배우는 영어방법은 발음을 익히는 데 상당히 효과적이다.

요즈음은 초등학교에도 외국에서 살았던 아이들이 많이 눈에 띄는데, 이 아이들이 영어 발음 때문에 왕따를 당하는 경우가 있다고 한다. 컴퓨터를 콤퓨러로 인터넷을 이너넷으로 발음하는 아이들을 놀린다는 것이다. 영어가 국제 공용어가 되었으면 영어 역시 우리의 사투리처럼 나라마다 사투리가 있을 수밖에 없다. 어차피 외국어이기 때문에 본토 발음은 애초부터 불가능하다고 생각하자.

영어회화는 일상생활의 언어로 배운다

외국에서 살아 보았던 아이들이 영어를 잘하는 것은 학교공부보다도 일상생활에서 영어를 많이 사용했기 때문이다. 또한 일제 강점기 동안 우리말 사용을 금지해 일본말을 해왔던 할머니들, 이분들은 학교 문턱도 가본 적이 없는 분들이지만 대학에서 일본어를 전공한 학생들보다 일본말을 아주 잘하시는 것을 보면 외국어는 일상생활에서 배워야 한다는 사실을 다시금 느끼게 한다. 따라서 집 안에서 부모와 하는 영어공부만큼 더 효과적인 영어공부는 없다고 할 수 있다.

영어로 된 대본을 써본다

먼저 상상을 해보자. 처음으로 외국에 가는 장면을 만들자. 그리고 여행하는 사람들이 전형적으로 겪는 사건을 중심으로 이야기를 써보자. 이를테면 영화대본을 쓰는 것이다. 그런데 이 영화대본은 2개 국어로 쓰여 있다. 노트를 반으로 접어서 한 쪽에는 우리 말로, 오른 쪽에는 영어로 쓰는 것이다. 더 확실히 하기 위해서는 노트 한 쪽에 그 장면에 해당하는 그림을 그려도 좋다. 이렇게 대본을 쓴 다음 그 장면을 상상하면서 회화연습을 하는 것이다.

한 가지 테이프이나 CD를 계속 공부한다

영어는 듣기부터 시작해야 한다. 듣기 연습을 하기 위해서는 한 가지 테이프이나 CD를 정해 놓고 반복해서 듣는 것이 좋다. 욕심을 부리면서 이것저것 들으면 결코 문장이 외어지지 않는다. 자주 쓰는 문장 50개만 알고 있어도 회화가 가능하다.

읽기도 100개 이내의 단어로 구성되어 있는 책을 한 권 골라서 매일 10번 이상씩 읽어서 그 책을 외울 정도가 되면 어느새 영어 귀가 조금 뚫린 것 같은 느낌이 든다. 영어는 연습이다. 죽도록 반복해야만이 영어가 내 것이 된다.

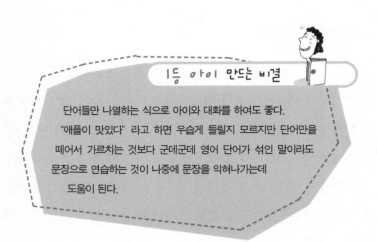

1등 아이 만드는 비결

단어들만 나열하는 식으로 아이와 대화를 하여도 좋다.
"애플이 맛있다" 라고 하면 우습게 들릴지 모르지만 단어만을 떼어서 가르치는 것보다 군데군데 영어 단어가 섞인 말이라도 문장으로 연습하는 것이 나중에 문장을 익혀나가는데 도움이 된다.

16 또래 친구는 훌륭한 수학 선생님

수학은 기초가 부실하면 결코 잘할 수 없다

어느 과목이든지 기초 학습이 안 되어 있으면 따라가기가 어렵다. 그 중에서도 수학만큼 기초 학습이 중요한 과목은 없을 것이다. 수학이라는 과목의 특성이 계통적이기 때문이다. 요즘 수학을 못해서 싫어하고, 심지어는 포기한 학생들이 3분의 2 이상이라고 한다. 이 아이들도 초등학교 저학년 때는 수학에 재미를 느꼈던 아이들이다. 그렇다면 왜 수학을 싫어하게 되었을까? 우선 그 이유로 초기의 수학학습 방법을 지적할 수 있다.

아이들이 가장 먼저 알아야 할 것은 수 개념이다. 어린 아이들도 수 개념을 알기 이전에 양에 대한 비교는 일찍부터 터득하고 있다. 엄마가 오빠에게는 과자 3개를 주고 나에게는 2개를 주면 아이는 그 자리에서 울어버린다. 즉 양의 비교는 할 수 있다는 것이다. 그러나 오빠가 가진 과자 세 개는 3이고 내가 가진 과자 두 개는 2 라는 상징(숫자)을 다루는 능력과, 3보다 2가 더 큰 수라는 개념, 즉 수 개념을 아는 능력은 아직 없다.

아이들이 수에 대해 가장 먼저 배우는 것은 1, 2, 3, 4… 또는 하나, 둘, 셋, 넷… 같은 수 이름이다. 그런데 여기서도 우리나라 아이들은 어려움을 겪는다. 수 이름과 헤아리는 이름이 다르기 때문이다. 영어에서는 one, two, three, four… 가 수 이름도 되고 헤아릴 때도 같이 쓰이지만 우리는 이중 체계로 되어 있다. 그래서 그런지 우리 부모님들은 수 이름 가르치는 데에만 너무 열성적이고 상대적으로 수 개념 가르치는 데에는 소홀한 경우가 많다.

수 이름을 외우는 것도 물론 필요하다. 그러나 20까지 셀 줄 안다고 해서 20까지의 수 개념을 안다고 볼 수는 없다. 수 이름의 규칙만 알면 50 이상도 100 이상도 셀 수 있다. 그렇기 때문에 50까지 셀 줄 아는 아이가 3이라는 숫자가 무엇을 의미하는지 모를 경우도 있는 것이다. 예를 들어 과자 3개를 놓고 "모두 몇 개 있지?"라고 물으면, "하나, 둘, 셋, 세 개요"라고 대답한 아이에게 다시 "하나를 먹었단다. 몇 개 남았니?"라고 물으면 "세 개요"라고 대답하는 경우가 생긴다. 이유를 물으면 "하나는 먹었구요. 두 개, 세 개는 여기 있잖아요"라고 대답하는 것이다.

즉 아이는 세 개가 세 번째 과자의 이름이라고 생각하는 것이다. 결국 셋이라는 수는 한 개, 한 개, 한 개가 모인 집합의 개념이라는 기본적인 수 개념을 모르는 것이다.

또 하나의 예를 들어보자. 바둑알 7개와 공 7개를 놓고 "어느 것이 더 많으니?" 라고 물으면, 아이는 하나씩 세면서 "일곱, 일곱" 하면서도 똑같다고 말하지 못한다. 즉 크기가 아무리 차이가 나더라도 7개가 모여 있기 때문에 같다는 것을 모르는 것이다. 이렇게 수개념을 아는 것은 쉬운 문제가 아니다. 그럼에도 불구하고 부모들이 수 개념 학습에는 소홀히 하면서 너무 일찍 더하기, 빼기 등의 계산능력을 키우려는 데 문제가 있다.

계산에 앞서 7이라는 숫자는 일곱 개가 모인 집합이라는 개념으로 가르치기 위해서는 주사위놀이 같은 놀이를 하는 것이 좋다. 두 개의 주사위를 가지고 놀면서 누가 더 많이 나왔는가와 같은 차이의 개념도 배울 수 있다. 그렇기 때문에 3+4=7을 가르칠 때 손가락으로 세어보는 것도 좋지만 ●●●＋●●●● 식으로 점(dot)을 이용하는 것이 숫자는 모여 있는 것이라는 집합의 개념을 가르치기 쉽다. 초등학교 1학년 수학책의 덧셈, 뺄셈이 이렇게 점으로 그려져 있는 것도 이 때문이다.

수학은 기술적인 계산 위주의 과목이 아니라 생각하는 과목, 사고력을 요하는 과목이다. 학교 들어가기 전에는 계산훈련보다는 수 개념 훈련이 필요하고 수 개념 훈련은 아이의 발달 수준에 따라 놀이를 통한 학습으로 이루어져야 한다. 6세 이전의 아이들은 반드시 구체물을 가지고 학습해야 이해할 수 있기 때문이다.

학교 들어가기 전에 너무 많이 배우면 부정적 효과를 불러올 수 있다

초등학교 1~2학년 담임 선생님들에 의하면 아이들이 가장 떠드는 시간은 수학시간이라고 한다. 학교에 들어가기 전에 세 자릿수 덧셈, 뺄셈은 물론 구구단까지 다 외우고 갔는데, 수업시간에 3+2 같은 것을 배우니 재미가 없고 흥미를 잃을 수밖에 없다. 그러다 보니 자연히 수업태도가 산만해지는 것이다.

초등학교 저학년 때는 지식을 배우는 것도 중요하지만 더 중요한 것은 올바른 수업태도를 습관화시키는 것이다. 이때에 잘못된 수업태도가 몸에 배면 앞으로 긴 세월 동안 수업을 받아야 할 때 문제가될 수밖에 없다.

수학은 논리적이고 분석적인 과목이기 때문에 단계적으로 차근차근 배워나가야 한다. 아래 단계가 완전히 이해된 후에 다음 단계를 학습해야 하는 것이다.

$$\begin{array}{r} 24 \\ +35 \\ \hline \end{array} \qquad \begin{array}{r} 52 \\ +28 \\ \hline \end{array} \qquad \begin{array}{r} 46 \\ -22 \\ \hline \end{array} \qquad \begin{array}{r} 57 \\ -14 \\ \hline \end{array}$$

위와 같은 문제를 제시하면 아이들은 너무도 빨리, 쉽게, 거의 기계적으로 풀어 버린다. 그런데 24+35=(20+□)+(4+□)=□라는 문제에서 마지막 59는 맞는데 가운데 칸 안에 숫자를 써넣지 못한다. 이러한 현상은 자릿수의 개념을 모른 상태에서 기계적인 계산 훈련만 받았기 때문에 나타나는 것이다. 자릿수의 개념은 어려운 개념이다. 예를 들어 100까지 셀 줄도 알고 쓸 줄도 아는 아이에게 25를 써놓고 읽어보라고 하면 "이십오"라고 말할 수 있다. 그러나 다시 물어보면 자릿수의 개념이 없다는 것을 알 수 있다.

"25를 52로 쓰면 왜 안 되지?"

"25는 25로 써야 되니까요."

"그럼 25에서 2는 무엇을 말하지?"

"2요."

이 아이의 경우는 아직 자릿수의 개념을 모르고 있는 것이다. 처음에 아이들은 이십오를 쓰라고 하면 205로 쓴다. 그 다음에는 25를 제대로 쓰는데, 왜 25로 써야 하는지 설명을 못한다. 그러다가 자릿수의 개념을 알게 되면서 설명할 수 있게 된다. 이렇게 자릿수 개념도 단계를 거쳐서 알게 되듯이 모든 수학적 이론은 단계 단계를 하나씩 잘 밟아야 하는 것이다.

초등학교 3~4학년만 되면 수학이 어렵다는 이유는 1, 2학년 때 기초 단계를 제대로 안 밟았기 때문이다. 수학 과목의 이름이 산수에서 수학으로 바뀐 것도 수학이 계산능력만을 요구하는 것이 아니고, 사고력을 요하는 통합 교과의 성격을 가졌음을 강조하기 위해서이다.

응용문제를 푸는 데는 통합능력이 요구된다

아이들은 대부분 응용문제가 어렵다고 하소연한다. "말이 어려워요." "무슨 소린지 모르겠어요." 하는 말을 자주 듣게 되는데, 응용문제는 수학 과목의 핵심 요소이기 때문에 소홀히 할 수가 없다.

보통 응용문제를 '수학 문장제' 또는 '이야기 수학'이라고 한다. 이러한 문장제는 실생활에서 수학적 사고를 요하는 문제 상황을 일련의 이야기 형식으로 진술한 것을 말한다. 예를 들어 "1,000원을 들고, 슈퍼에 가서 300원짜리 과자를 샀습니다. 얼마 남았을까요?" 와 같이 일상생활에서 문제를 보다 간결하고 편하게 해결하기 위해 수학을 이용하는 것이다. 특히 응용문제는 국어능력과 수학능력을 동시에 갖추어야 하는 통합 교과적인 성격을 띠기 때문에 수능시험과 같은 능력을 요구하고 있어 요즈음 관심 분야로 떠오르고 있다.

수학의 응용문제에서 요구하는 능력은 크게 두 가지로 나눌 수 있다. 하나는 문제 이해능력이고, 다른 하나는 계산능력이다. 대체로 문제이해가 계산보다 더 어렵기 때문에 문제를 이해하는 것이 더 중요하다. 그러나 먼저 계산능력이 갖추어져 있어야 하는 것은 기본이다.

사람의 기억용량은 한계가 있다. 즉 동시에 기억할 수 있는, 혹은 처리할 수 있는 정보의 양이 한정되어 있다. 그런데 응용문제를 풀 때는 정해진 시간에 문제이해와 계산을 동시에 해야 한다. 이때 문제이해가 더 어렵기 때문에 문제이해에 더 많은 용량을 사용하려면 계산에는 용량을 조금만 사용해야 한다. 만일 계산하는 데에 용량을 많이 써버리면 정말 중요한 문제 이해에 충분한 용량을 쓸 수는 없기 때문이다.

따라서 계산능력을 확실히 숙달시켜 놓으면 계산에는 용량을 거의 사용하지 않고 문제 이해를 충분히 할 수 있어 문제를 보다 잘 해결할 수 있다. 초등학교 저학년 때 읽기, 쓰기, 셈하기의 기초 기능을 연습시키는 것도 이 때문이다.

응용문제에서는 문제 이해를 위한 전략이 필요하다

응용문제를 풀 때 문제를 이해하지 못하면 결코 답을 찾을 수가 없다. 따라서 문제이해와 계산을 분리해서 훈련시킬 필요가 있다. 다음은 가정에서 부모가 해줄 수 있는 방법이다.

◆ 첫째, 문제를 다시 말하게 한다

아이에게 문장을 차근차근 읽게 하고서, 눈을 감고 그 내용을 다시 말하게 한다. 이때 구체적인 숫자를 기억하는 것보다는 핵심 내용을 요약하는 것이 중요하다. 예를 들어 "영희가 사탕을 가지고 있었는데 철수한테 몇 개 주었대. 그래서 얼마가 남았냐는 거야." 하는 식으로 요약할 수 있어야 한다.

이렇게 다시 말하게 하는 방법은 여러 가지 장점이 있다. 우선은 아이가 문제를 이해하는지 점검할 수 있으며, 아이가 문제를 푸는 과정에서도 기억 용량을 줄여주기 때문에 문제풀이에 효과적이다. 처음에는 부모가 시범을 보여주고 따라하게 하다가 익숙해지면 혼자서 작은 소리로 하도록 지도해보자. 학교에서 시험을 치를 때에도 문제를 차근차근 읽고 난 다음, 잠시 눈을 감고 문제를 한 번 요약해 보고 푸는 습관을 갖게 하는 것이 좋다.

◆ 둘째, 문장의 내용을 그림으로 그려보게 한다

응용문제를 풀 때, 문제를 그림으로 나타내면 훨씬 효과적이다. 문장보다 그림으로 나타내면 일목요연하게 확인할 수 있어 기억용량을 적게 사용할 수 있다. 또한 문제 속에 나와 있는 숫자들 간의 관계도 쉽게 알 수 있어 문제이해를 잘못해서 답을 틀리는 실수를 막을 수 있다.

이러한 그림 그리기 전략은 초등학교 고학년에 가서야 사용할 수 있지만, 저학년에서도 그림 그리기 전략은 필요하다. 예를 들어 "6 그루의 나무가 2미터 간격으로 늘어서 있습니다. 첫 번째 나무와 마지막 나무 사이의 거리는 얼마입니까?"라는 문제는 저학년 문제이지만 그림을 그리지 않고서는 틀린 답을 쓰기 쉽다. 특히 초등학교 저학년 아동들의 인지 특성이 구체적 대상물로 학습시켜야 이해할 수 있기 때문에 그림 그리기 훈련은 일찍부터 시작하는 것이 좋다.

◆ 셋째, 문제 속에 나와 있는 정보를 전체와 부분의 관계로 나타내게 한다

다음은 초등학교 2학년 교과서에 나오는 문제이다.

1) 영희는 7개의 사탕을 가지고 있습니다.

그 중에서 철수에게 2개를 주었습니다.

영희는 몇 개의 사탕을 가지고 있을까요?

2) 영희는 7개의 사탕을 가지고 있습니다.

철수가 영희에게 3개의 사탕을 주었습니다.

영희는 몇 개의 사탕을 가지고 있을까요?

3) 영희는 7개의 사탕을 가지고 있습니다.

철수는 영희보다 3개의 사탕을 더 가지고 있습니다.

철수는 몇 개의 사탕을 가지고 있을까요?

4) 영희는 7개의 사탕을 가지고 있습니다.

영희는 철수보다 3개의 사탕을 더 가지고 있습니다.

철수는 몇 개의 사탕을 가지고 있을까요?

1번과 2번 문제는 아주 쉬워서 틀리는 아이들이 없을 것 같지만
그래도 틀리는 경우가 있다. 특히 3번과 4번 문제는 많은 아이들이

오류를 범한다. 도대체 두 숫자를 더해야 할지 빼야 할지 모른다. 이때 사용할 수 있는 전략이 "전체-부분 관계" 전략이다.

4번 문제를 예로 들어보자. 두 번째 문장을 읽어보면 영희와 철수 중 누가 더 많이 가졌는지 파악할 수 있다. 분명히 영희이다. 그렇다면 철수는 영희가 가진 7개보다 덜 가졌다는 것을 알 수 있다. 그러므로 답은 7보다 작은 수가 나와야 한다. 따라서 7에서 3을 빼야 하는 것이다. 이처럼 누가 더 많이 가졌는지, 답이 어떤 수보다 커야 하는지 작아야 하는지 미리 생각하고 답을 내면 실수를 막을 수 있다.

◆ **넷째, 틀린 답을 분석해보는 것이 중요하다**

아이의 답이 틀렸을 때 그 답이 왜 나왔는지 분석해보면 아이가 어떤 부분을 모르는지 알 수 있다. '오류분석이 이해 점검의 열쇠'라고 말하면서 수학 응용문제에 대해 연구하는 학자들은 틀린 답의 유형을 대개 4가지로 나눈다.

1) 연산 오류 : 이것은 그야말로 계산 실수이고 엄마들이 제일 속상해 하는 것이다. 문제를 이해했음에도 불구하고 계산에서 틀려 답이 틀리는 경우인데, 이러한 계산 실수도 분석을 해보면 나름의 패턴이 있다. 그것을 밝혀내면 계산 실수를 반복하지는 않을 수 있다.

2) 역전 오류 : 역전 오류는 더하기를 해야 하는데 빼기를 했다든지, 빼기를 해야 하는데 더하기를 했다든지 하는 경우이다. 이 역전 오류는 문제를 잘못 이해했을 때 생긴다. 따라서 역전 오류를 범했을 때는 문제 이해 훈련을 다시 시켜서 확실하게 문제를 이해하도록 하는 것이 좋다. 흔히 이 역전 오류를 계산 실수라고 여기는 경향이 있는데, 이것은 계산 실수가 아니다.

3) 문제에 나와 있는 숫자를 모조리 더해버리는 아이들의 유형이다. 문제를 전혀 이해하지 못한 경우이다.

4) 마지막으로 전혀 근거가 없는 답을 내는 유형이 있다. 이것 역시 문제를 전혀 이해하지 못한 경우에 해당된다.

위의 4가지 오류 중에서 가장 자주 나타나는 것이 역전 오류이다. 이와 같은 사실은 문제를 제대로 이해하는 것이 중요함을 간접적으로 시사해준다.

◆ **다섯째, 문제를 읽고 네모칸을 사용하여 식을 쓰게 한다**
모르는 부분을 네모 칸을 이용하여 식을 세워놓고 문제를 풀 수 있으면 더 할 나위 없이 효과적이다. 예를 들어보자.

문제 영희는 자기가 가진 사탕 중에서 5개를 철수에게 주었더니 4개의 사탕이

남았습니다. 영희는 처음에 몇 개의 사탕을 가지고 있었을까요?

　위의 문제도 2, 3학년 아이들이 많이 틀리는 문제인데, 이것을 식으로 나타내서 '□−5=4'로 식을 써놓고 풀면 해결하기가 쉬워진다.

　지금은 2학년 2학기 말에 식 쓰기 연습이 잠깐 나오는데, 대부분의 아이들은 이 훈련이 부족하다. 식 쓰기 훈련 다음에 푸는 연습을 시킬 때, 전체-부분의 관계를 가르쳐준다. 즉 '전체-부분=부분'이기 때문에 맨 앞에 □가 나오면, 그것은 전체니까 큰 수여야 하고, 그렇기 때문에 두 수를 합해야 한다. '8−□=5'일 경우는 □가 부분이기 때문에 전체인 8보다 작은 수가 나와야 한다. 그러므로 8에서 5를 빼는 것이다.

지나치게 많은 학습지는 수학 공부의 기본 태도를 그르칠 수 있다

　초등학교 4학년만 되면 수학을 싫어하는 아이들이 나타난다. 고학년이 되면 분명히 내용이 어려워진다. 그러나 너무도 많은 아이들이 수학을 싫어하는 것은 수학을 암기식으로 기계적으로 풀어왔던 습관 때문이다. 아직도 학교 교육이 암기 위주에서 벗어나지 못했기 때문이기도 하지만, 가정에서의 수학교육이 잘못된 탓도 있다. 너무 이른 나이부터 학습지를 지나치게 시키는 것이 문제이다. 매일 풀어

야 하는 학습지가 지겹기 때문에 아이들은 빨리 풀어버리는 습관을 갖게 되었다. 하루의 할당량을 빨리 해치워야 하기 때문에 도대체 생각하면서 풀지를 않는다.

또한 유사한 문제를 너무 반복적으로 하니까 답을 외우는 경우도 생긴다. 심지어는 빗금친 부분의 넓이를 구하는 문제를 빗금친 모양의 유형별로 답을 외워버리는 아이도 있다. 어떤 아이는 응용문제가 나오면 문제를 전부 읽지 않고 키워드(keyword) 하나만을 보고 풀어버린다. 예를 들어 '모두'라는 말이 나오면 무조건 더하기를 하고, '남았느냐'라는 말이 나오면 무조건 빼기를 하는 식으로 문제를 기계적으로 풀어 버린다. 이렇게 기계적으로 문제를 풀어 생각하는 훈련을 받지 못한 아이들은 고학년에 올라가서 조금 어려운 문제를 풀어야 할 때, 손도 못 대고 포기해버리는 것이다.

수학공부는 아이가 먼저 푼 다음에 도와주어야 한다

부모님들이 가장 걱정하는 과목이 수학 과목이기 때문에 학원을 보내거나 과외를 시키는 경우가 많다. 그러나 효과를 못 보는 경우가 대부분이다. 이것은 수학 과목의 특성을 고려하지 않고 가르치기 때문이다. 우리 어른들도 대부분 경험해보았지만 학원에서 선생님이 설명할 때는 전부 이해한 것 같은데 나중에 풀어보면 풀 수가 없다.

수학 공부는 먼저 학생 스스로 풀어보고 다음에 설명을 듣는 순서로 진행되어야 한다. 이를 '발견적 교수법'이라고 하는데 수학이야 말로 스스로 발견하려는 태도가 중요하다. 문제를 놓고 끙끙대다가 정답이 나왔을 때의 발견의 기쁨, 이것을 희열이라고 하는데 이런 경험을 자주 하면 공부하지 말라고 해도 공부를 하고, 게임보다도 수학이 더 재미있다고 생각하게 된다.

학원을 가든, 부모가 가르치든, 수학은 아이 스스로 먼저 풀어본 다음 도움을 받도록 해야 한다. 학원에 갈 때에는 반드시 자신이 풀다가 풀 수가 없었던 문제를 머리에 담고 가야 한다. 수학에서의 성공은 혼자서 끙끙대며 생각하는 훈련을 많이 했을 때 거둘 수 있다.

수학 과외 선생님은 또래 친구가 좋다

부모가 아이에게 수학을 가르치다 보면, 얼굴이 벌개지면서 흥분을 하게 된다. 이렇게도 간단한 것을 모르다니 속이 터질 노릇이다. 이럴 경우 아이의 잘못이라기보다는 아이의 능력 수준을 이해 못하는 어른의 잘못일 때가 많다. 가르치기를 포기하고 대학생을 물색해서 가르치게 해봐도 별 효과가 없다. "아는 것과 가르치는 것은 별개의 문제다"라는 말이 있듯이 잘 알고 있어도 그것을 쉽게 풀어서 아이 수준에 맞게 가르치는 것은 고도의 기술을 필요로 한다.

이를 고려하면 아이의 수학 선생으로 적격인 사람은 아이의 친구이다. 또래 친구는 지금 아이가 어떤 점을 어려워하는지 정확히 알고 있다. 자기가 경험하고 있기 때문이다. 또래 친구가 좋은 과외선생이라는 것을 알지만 또래 친구를 구하기가 어려울 것이다. 요즈음 대부분의 아이들이 어른보다도 더 바빠서 친구를 가르칠 여유가 없다. 하지만 꼭 그렇지만도 않다.

수학 과목을 또래 친구끼리 협동 학습으로 할 때 더 많은 이익을 보는 편은 가르치는 아이이다. 수학은 논리 분석적인 과목이라 푸는 과정에서 한 단계라도 놓치면 틀릴 수 있다. 그렇기 때문에 친구에게 가르쳐주면서 문제풀이 과정을 숙달할 수 있는 것이다. 또한 자신의 풀이 과정이 효율적인지 점검할 수 있는 기회도 되기 때문에 수학 공부에 커다란 도움을 받을 수 있다. 이러한 사실은 많은 연구에서 나온 일관된 결과이다.

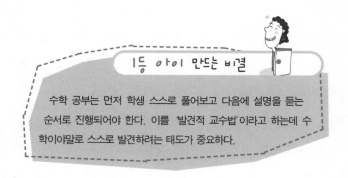

1등 아이 만드는 비결

수학 공부는 먼저 학생 스스로 풀어보고 다음에 설명을 듣는 순서로 진행되어야 한다. 이를 '발견적 교수법'이라고 하는데 수학이야말로 스스로 발견하려는 태도가 중요하다.

17 집중력은 우등생으로 가는 첫걸음

주의 집중을 못하는 산만한 아이들의 세 가지 유형

요사이 부모나 학교 선생님들이 가장 걱정을 하는 것이 아이들의 산만함이다. 실제로 초등학교 아이를 둔 어머니들을 대상으로 조사해보았더니, 70~80퍼센트의 어머니들이 자신의 아이가 산만하다고 응답했다. 아이가 산만하다고 말하는 경우는 다음 세 가지 유형 중 한 가지에 해당될 때이다.

첫째, 발달상의 문제이다. 여기에는 능력 발달의 지체가 포함되어 있다. 이때의 능력이란 주의 집중 능력을 말한다. 우리가 상식적으로 주의 집중을 한다고 하면 가만히 앉아서 한 곳을 응시하는 것이라고 생각하기 쉬운데 그렇지 않다. 주의 집중이란 불필요한 자극은 무시하고 필요한 자극만 받아들이는 능력을 말한다.

우리의 열려 있는 감각기관으로 수많은 자극들이 들어오고 있다.

그중에서 필요한 것만 골라서 받아들이는 것이 주의 집중이다. 예를 들어 수업시간 중에는 선생님 목소리만 필요한 자극이므로 거기에만 집중을 하고 옆 친구가 움직이는 소리나 바깥에서 들리는 소음 등 불필요한 자극은 무시해야 한다. 어린아이들은 이러한 능력이 아직 완전히 발달되지 않았기 때문에 필요한 자극은 물론 불필요한 자극까지도 모두 받아들여 산만할 수밖에 없다. 그러나 대개 크면서 이 능력은 매우 좋아지기 때문에 연령에 맞는 주의 집중 능력을 보이지 않을 때 발달이 지체된 것으로 본다.

또한, 주의 집중의 능력으로서 얼마나 오랫동안 집중할 수 있는가 하는 지속시간이 있다. 이러한 주의 집중의 지속시간도 연령이 높아지면서 더 좋아진다. 즉 두세 살짜리 어린아이는 10분 정도도 집중하기 어렵지만, 7~8세가 되면 30분 이상 집중하는 것이 가능해진다. 이처럼 주의 집중의 지속시간도 연령이 증가하면서 좋아지지만 연령에 비해 지나치게 지속시간이 짧은 경우는 주의 집중 훈련을 받을 필요가 있다.

둘째, 정서적으로 불안한 아동이 산만한 행동을 보인다. 어른들은 속마음이 불안하면 그것을 해소할 수 있는 여러 방법을 가지고 있다. 음악감상을 한다든지 운동을 한다든지 친구와 대화를 나눈다든지 하면서 불안을 해소한다. 그런데 어린아이들은 그런 해소 방법을 모르기 때문에 단지 불안을 표출할 수 있는 유일한 방법이 행동으로 보이는 것이다. 그래서 산만하게 보일 수밖에 없다.

셋째, 주의력 결핍 과잉 행동증(ADHD)이라는 장애이다. 이것은 미세한 뇌 기능상의 장애로서 이 유형에 해당하는 아이들은 전문가의 치료를 받는 것이 좋다. 우리 아이의 산만한 행동이 이 유형에 해당하는지 알기 위해서, DMS-III-R(장애유형의 분류표)에 나와 있는 주의력 결핍 과잉 행동증에 대한 진단 기준을 살펴보고 아이의 상태를 점검해봐야 한다.

주의 집중에 문제가 있는가를 알아보기 위한 체크

먼저 주의력 결핍 과잉 행동증은 만 7세 전에 발병하기 때문에 이후에 나타나는 증상은 이 장애유형이 아닐 경우가 많다. 진단 기준인 아래의 14개 증상 중에서 8개 이상, 최소 6개월 이상 나타난 경우에 주의력 결핍 과잉 행동증일 수 있다.

- 앉아서도 손발을 가만두지 못하고 몸을 뒤튼다.
- 바깥 자극에 쉽게 주의가 산만해진다.
- 꼭 앉아 있어야 하는 상황인데도 계속 앉아 있기가 힘들다.
- 또래 집단이나 그룹 상황에서 차례를 기다리는 것이 어렵다.
- 질문이 채 끝나기도 전에 아무런 대답이나 불쑥 튀어나오는 경우가 잦다.
- 다른 사람의 지시에 따라 일을 끝마치기가 힘들다.

- 해야 할 일이나 놀이에도 계속 집중하는 데 어려움이 있다.

- 한 가지 행동을 끝내기 전에 또 다른 행동으로 자주 바꾼다.

- 조용한 놀이를 하기 힘들다.

- 시도 때도 없이 말을 많이 한다.

- 자주 주위에 있는 사람의 일을 방해하거나 참견한다.

- 자신에게 뭐라고 하는지 듣지 않는 것 같다.

- 자신의 물건을 자주 잃어버린다.

- 앞일을 생각하지 않고 신체적으로 위험한 행동을 자주 한다.

산만한 아이가 되는 원인은 환경 탓도 있다

아이에게 수정해야 할 행동의 원인을 찾을 때, 기질 때문이라고 말하는 것은 별로 바람직하지 않다. 문제의 원인이 기질 때문이라면 고쳐보려는 시도조차 하지 않고 그냥 포기해버리기 때문이다. 물론 어머니들은 아이를 키우면서 다 경험했겠지만, 갓난아기 때부터 유순한 아이가 있는 반면, 유난히 까탈스럽고 엄마의 손이 많이 가는 아이가 있어 기질의 차이를 인정하지 않을 수는 없다.

그러나 아이가 커가면서도 산만함이 지속되는 것은 부모의 양육 태도에도 문제가 있다. 예를 들어 유아기 때부터 통제하지 않고 모든 것을 다 받아준 아이는 자기 통제를 할 수 있는 자제력이 부족하다. 때문에 항상 산만한 행동을 보이기 쉽다. 그러므로 훈육이 안

된 아이들에게서 산만한 행동이 많이 나타난다.

　반대로 너무 억압하고 항상 통제만 하는 부모 밑에서 자란 아이들도 산만해지기 쉽다. 사람은 억압된 것을 어디서라도 풀게 되어 있다. 이런 아이는 부모의 눈에 띄지 않는 학교에서 다른 아이들보다 훨씬 산만한 행동을 보인다. 또 한 가지 요인은 요사이 조기 교육의 붐으로 어릴 때부터 너무 많은 과제에 압박감을 받아 아이가 산만해지기도 한다.

주의력 결핍 과잉 행동증을 판별하려면 전문가의 도움이 필요하다

　뇌 기능에 문제가 있는 경우, 부모가 어떠한 조치를 해주기 어렵다. 미세한 뇌 기능 장애로 인한 주의력 결핍 과잉 행동증은 부모가 판별하기 어렵기 때문이다. 지금 우리 아이의 문제가 커가면서 나아질 수 있는 문제인지, 심리적인 문제를 동반한 정서불안 때문인지, 그야말로 과잉 행동증인지 분별이 어렵다.

　그러나 우선 구분할 수 있는 것은 초등학교 저학년 때는 괜찮았는데 고학년이 되면서 산만해지는 것은 일단 과잉 행동증이 아니다. 대체로 이 증상은 7세 이전에 발병하기 때문에 이후에 나타나는 것은 과잉 행동증이라고 볼 수 없다. 고학년에서 나타나는 것은 대개 동기의 문제로 보아야 한다. 기초 학습이 부족해서 학습에 흥미가 없고, 그러다 보니 산만해지는 것이다.

또한 아이가 관심을 끌려고 산만한 행동을 하는 것은 아닌가 살펴볼 필요가 있다. 조용히 있으면 선생님이나 부모가 아는 척을 안 하는데, 떠들고 산만하면 야단을 친다. 야단치는 것이 아이에게는 보상으로 작용해서 계속 관심을 끌려고 산만한 행동을 보일 수가 있다. 어쨌든 지나치다 싶으면 진단을 받아보는 게 좋다. 여러 검사를 받아보면 원인을 밝힐 수가 있다.

특히 부모에게 문제가 있어서 아이가 산만하게 보이는 경우도 있다. 부모가 지나치게 조용하다든지, 혹은 우울해 하면 자녀가 정상적인 아이임에도 불구하고 산만한 아이로 보일 수 있다. 전문가의 진단을 받아보면 아이가 산만한 것이 부모의 문제인지, 정말로 아이의 문제인지도 밝혀질 수 있다.

전문가와 상담할 때 부모와 개별적인 면담이 있다. 이때 부모와 담임선생님에게 아동행동 조사표나 과잉 운동척도를 작성하게 하는데, 이것은 아이의 전반적인 문제를 살펴보고, 가정과 학교라는 다른 상황에서 아이가 어떤 행동 차이를 보이는지 알아보기 위한 것이다. 이외에도 지능이나 집중력, 단기 기억력 등을 평가하기 위한 정밀 인지기능 검사와 아이의 정서상태를 무의식적 영역까지 추적해 볼 수 있는 여러 종류의 투사적 심리검사를 실시한다.

만일 아이의 문제가 학습부분과 연결된 문제일 경우, 학습평가를 통해 지금의 기초적인 학습능력이 어느 수준인지 파악해야 한다. 그리고 2차 평가를 통해 구체적인 장애부분을 밝혀내야 상세한 학습치료 계획을 세울 수 있게 된다. 더불어 아이와의 개별 면담을 통해 아이가 학교나 가정에서 느끼는 어려움은 어떤 것인지, 대인 관계는 어떠한지, 아이의 성격유형, 문제의 대처방법, 능력 등도 평가하게 된다. 이렇게 충분한 자료와 검사결과를 바탕으로 여러 전문가가 다각도에서 충분히 고려한 후에 진단을 내리게 된다.

두 시간 동안 게임에 몰두한다고 주의력이 높은 아이는 아니다

"주의 집중은 동기가 잡아준다"라는 말이 있다. 즉 과제에 흥미가 있어 동기유발이 되면 주의 집중은 자연히 이루어질 수밖에 없다는 말이다. 예를 들어 숙제는 하기 싫고 지루해서 동기유발이 일어나지 않아 주의 집중이 잘 안 되는 반면 오락이나 게임은 두 시간이 넘도록 하는 경우가 많다. 이런 경우는 주의 집중 능력이 높다고 볼 수 없다. 주의 집중이 정상인 아이는 지루한 과제에서도 적정의 주의 집중을 보인다. 지루한 과제에서도 주의 집중을 잘한다면 그때야 비로소 주의 집중 능력을 갖췄다고 보는 것이다.

또한 책상에 오래 앉아는 있는데 가보면 하나도 해놓은 것이 없을 때에도 주의 집중력이 없다고 보아야 한다. 주의 집중이나 산만함을 대부분 눈에 보이는 행동 특성으로 생각하는데 꼭 행동 특성으로만 파악할 게 아니다. 겉으로 보기에는 조용하고 산만하지 않은 것 같지만, 과제의 진척 없이 머릿속으로 딴생각을 자주 하는 아이도 산만한 아이이다. 산만함은 겉으로 보기에 떠들고 많이 움직이면서 행동으로 나타나는 유형이 있는가 하면, 겉으로는 조용해 보여도 집중력이 없어서 효율적으로 과제를 수행하지 못하는 경우도 있다.

주의 집중 능력은 훈련을 통해 향상될 수 있다

사실 산만한 아이는 쉽게 고치기가 어렵다. 따라서 부모의 지속적인 관심과 꾸준한 노력이 필요하다. 주의 집중이 잘 안 된다는 건 불필요한 자극을 받아들인다는 의미이다. 아이가 스스로 불필요한 자극을 제거할 수 없다면 부모가 아이 옆에서 불필요한 자극을 제거해주어야 한다. 아이의 주위 환경에 불필요한 자극이 없도록 환경을 단순하게 해주는 방법을 사용해 보자.

예를 들면 책상 위에는 책만 놓게 하고 다른 여러 것들을 다 치워준다든가 하는 식이다. 또한 어린아이의 경우에는 장난감을 방안에 전시하듯이 늘어놓는 것이 아이의 산만함을 조장할 수 있다. 한두 가지만 내려놓아 아이가 하나씩 하나씩 몰두할 수 있게 환경적인 배려를 해주는 것이 중요하다.

자기교시법으로 충동성을 줄일 수 있다

고학년의 경우에는 환경적인 배려뿐만 아니라 아이 스스로 환경을 통제할 수 있도록 기술을 가르칠 필요가 있다. 예를 들면 심신을 충분히 이완시키고 '나는 집중할 수 있다'는 말을 되뇌이게 한다든지, 공상을 막 시작하려고 할 때는 '정지!'라고 소리치면서 일어난다든지 하는 방법을 가르쳐준다.

산만한 아이는 대체로 충동성을 동시에 나타내는 경우가 많다. 학교는 집단생활을 하는 규칙이 중요한 곳이다. 그런데 충동적인 아이들은 차례를 기다린다든가 하는 전반적인 규칙을 잘 지키지 못한다. 또한 급하고 충동적이기 때문에 선생님이 말하는 도중에도 불쑥불쑥 끼어들어 수업 분위기를 흐려놓아 수업시간에 자주 선생님에게 지적받는 아이가 되고, 말썽부리는 아이로 낙인 찍히기가 쉽다.

무엇보다 학습태도 면에 문제가 많다. 집중이 안 되니까 공부도 잘할 수 없고 충동적으로 시험을 치르니까 점수도 자꾸 낮아진다. 충동적인 아이들은 시험을 치를 때 다음과 같은 행동을 한다. 즉 시험문제에서 '해당 사항이 아닌 것은?'하고 물었는데 끝까지 읽어보지 않고 질문에 거꾸로 답을 한다든가, 선다형의 문제일 경우 1번이나 2번만 읽고서 그럴듯하면 3번과 4번을 읽지 않고 답을 표시해버린다. 산수문제에서도 풀이과정은 맞았는데도 아주 간단한 계산에서 틀려 오답을 낸다.

학습상의 충동적인 문제를 해결하는 방법 중에 '자기 교시법'이 있다. '자기 교시'란 자기가 자기를 가르친다는 뜻이다. 집중이 안될 때는 "집중이 잘된다, 집중이 잘된다"라고 되뇌이거나, "공부가 잘된다, 공부가 잘된다"라고 중얼거리는 것이다. 시험지를 받아서도 "나는 문제를 끝까지 읽는다, 나는 문제를 끝까지 읽는다"라고 계속 되뇌인다. 이렇게 시험지를 받자마자 자기 암시를 하도록 훈련하면 일단 문제를 끝까지 읽지 않는 버릇은 고칠 수 있다. 이러한 훈련을 집에서 수시로 엄마와 함께 하여 완전히 습관이 되도록 하자.

대표적인 자기 교시법으로 '소리내어 생각하기'가 있다. 영어로는 'think aloud'라고 하는데 머릿속에서 매순간 생각나는 것을 소리 내어 말로 내놓는 것이다. 예를 들어 '26+55'의 덧셈을 풀 때, "먼저 6+5를 해야지, 그러면 11이네, 그러면 1을 쓰고 하나가 올라갔지, 2가 3이 되고 3에다 5를 더하니까 8이구나, 그래서 답이 81이야."

우리는 보통 이런 과정을 머릿속으로 생각하지 말로 하지는 않는다. 그러나 충동적인 아이들한테는 이 방법이 상당히 효과적이다. 이렇게 하면 문제를 너무 빨리 풀어서 오답을 내는 경우를 많이 줄일 수 있고, 보다 천천히 풀면서 단계 단계를 빠뜨리지 않게 된다.

이 훈련은 다음과 같은 절차를 따라 하면 좋다. 먼저 엄마가 시범을 보이고 아이가 따라하게 한다. 이 과정을 여러 번 반복한 다음에 아이 혼자 해보도록 한다. 집에서 문제를 풀 때 항상 소리내어 생각하는 방법을 연습시키면서 학교에서도 이 방법을 사용하기 위해서 소리의 크기를 점차로 줄여가는 연습을 시켜야 한다. 이 모든 것이 잘 이루어지면 그 다음에 푸는 속도를 조절해주면 된다.

칭찬과 무시를 번갈아가며 산만함을 고친다

　산만한 아이들은 학교에서도 야단맞기 일쑤이다. 그러나 야단만 친다고 해서 결코 고쳐지지 않는다. 산만한 아이들을 가정에서 지도할 때 몇 가지 주의해야 할 점이 있다.

　산만한 아이에게 엄마의 잔소리는 당연히 많아지면서 엄마 역시 자주 짜증도 나고 아이가 싫어지게 된다. 그러나 분명히 산만한 아이도 산만하지 않을 때가 있다. 그런데 엄마가 우리 아이는 산만한 아이라고 낙인을 찍은 상태이기 때문에 아이가 산만하지 않을 때의 모습이 잘 안 보이는 것이다.

　엄마는 아이의 산만한 모습은 되도록 안 보려고 하고 조용히 있는 모습을 더 많이 보려고 해야 한다. 그러면 그런 모습을 더 많이 보게 될 것이고 그때마다 자주 칭찬을 해주어야 한다. 아이가 산만하지 않을 때는 당연한 것으로 생각하여 칭찬하지 않는데, 반드시 칭찬을 해주어야 한다.

　아이가 산만할 때는 무시하는 것도 좋은 방법이다. 아이가 산만할 때는 무시하고 산만하지 않을 때 칭찬을 하면 산만하지 않은 행동이 늘어가면서 전반적으로 산만한 행동이 줄어들게 된다. 막연히 칭찬해주자면 잘 안 되니까 기록해가면서 해보자. 몇 시에 칭찬해주었고 몇 번 칭찬해주었다는 식으로 기록하면서 체계적으로 칭찬해 나가는 것이 좋다. 예를 들어 오늘은 열 번 칭찬해주겠다고 결심하고,

유심히 관찰하게 되면 아이가 산만하지 않을 때를 많이 보게 된다. 잔소리를 줄이고 산만하지 않은 행동을 자주 칭찬해 주는 방법이 최선의 방법이라는 것은 유념해야 한다.

오랫동안 집중을 하기 위해서는 조금씩 점차로 집중시간을 늘려간다

산만한 아이들은 한 가지 과제에 오랫동안 집중하지 못한다. 아이가 10분을 못 앉아 있다고 걱정하는 엄마들이 많다. 그러나 이것도 처음부터 갖추어지는 것이 아니고, 나이가 들면서 점차로 나아지고, 또 훈련을 통해서 나아질 수 있다.

아이의 집중력을 훈련시키기 위해서 처음에는 적은 양을 짧은 시간에 집중해서 하도록 한다. 우선 공부해야 할 양을 나누어준다. 학습지를 풀 때도 한꺼번에 풀도록 하지 말고, 10분 정도에 할 수 있는 양으로 나누어 하도록 한다. 아이가 책상에 앉아서 풀기 시작하면 타이머나 알람시계를 10분 후로 맞추어서 옆에 놓고 벨이 울릴 때까지 잘 풀어야 한다고 한다. 집중을 잘 못하는 아이들은 시간을 정해놓으면 얼렁뚱땅 해치워버릴 수 있기 때문에 엄마가 검토하는 것을 잊으면 안 된다.

보상을 줄 때는 시간도 지키고 문제도 잘 풀었을 때에만 주어야 한다. 그리고는 잠시 쉬게 한 다음 다시 10분 동안 풀게 하고, 또 쉬었다가 10분 동안 풀게 해서 짧은 시간이라도 집중하는 습관을 들여야 한다. 아이가 잘 따라하면 2~3주부터는 집중시간을 20분 정도로 늘려가는 것이다. 인내와 느긋한 마음으로 훈련을 시키는 것이 중요하다.

집에서 할 수 있는 집중력 훈련법

◆ 응시법

응시법은 최면요법을 응용한 것으로 눈앞의 물건을 시력을 가지고 부순다는 느낌으로 잠시 동안 임의의 한 점을 응시하는 것을 말한다. 이렇게 사물에 시선을 몰입하면 의식이 극히 좁은 범위로 서서히 조여들어 정신을 통일할 수 있다. 즉 시야를 극도로 좁은 부분에 한정시킴으로써 심적인 에너지를 높여 집중력을 증가시키는 것이다.

- 정점 응시법 : 우선 책상에 바른 자세로 앉는다. 눈을 가만히 감고 온몸의 힘을 서서히 뺀다. 흰 배경에 직경 3센티미터 정도의 검은 원을 그려서 벽에 붙여놓고 5초 정도 바라본 후 눈을 감는다. 그러면 검은 점의 영상이 떠오르게 된다. 이러한 방법으로 처음에는 5초 동안 바라보다가 서서히 10초, 20초, 30초로 시간을 늘려가면서 해본다.
- 코끝 응시법 : 실내에 응시할 것이 없을 때 하는 방법이다. 요령

은 앞의 정점 응시법과 같다. 우선 마음을 안정시키고 눈을 반쯤 떠서 자기의 코끝을 5초 동안 내려다본다. 그리고 눈을 감고 금방 보았던 코끝의 모습을 상상한다. 처음에는 5-6회 반복하다가 차츰 10회, 20회, 30회…로 늘린다. 응시시간도 10초, 20초, 30초…로 늘려간다.

미국의 뛰어난 홈런 타자 베이브 루스는 투수가 던진 공의 실밥을 볼 수 있는 정도였다고 한다. 턴테이블에 레코드판을 올려놓고 판을 집중적으로 계속 응시했더니, 나중에는 판의 회전이 점점 느려지면서 결국에는 중앙에 쓰여 있는 곡명이 보였다고 한다.

◆ 수리 계산법

1~9 중에서 한 수를 골라 그 숫자에 적당한 수를 더해 가는 방법이다. 일정한 숫자 이상이 되면 다시 거꾸로 세어 내려오면 된다. 예를 들면 5에서 시작하여 7씩 차례로 더해 가면 12, 19, 26, 33, 40…, 500에서 7씩 줄여가면 493, 486, 479, 472, 465… 식으로 세는 것이다. 그러면 수를 반복하는 상황에서 집중력이 길러진다. 또는 적당한 수에서 일정한 수를 마음속으로 빼가며 셀 수도 있다. 예를 들어 100에서 2씩 거꾸로 세는 것을 말하는데, 낮은 학년의 아이는 1씩 거꾸로 세도록 하는 것이 적당하다.

◆ 글자 찾기

아무 책이나 한 쪽을 펴놓고 그 안에서 예를 들어 '를'자가 몇 번이나 나오는지 찾는 게임이다. 얼마나 시간이 걸리는지 보는 것이 아니라 얼마나 정확하게 찾는지 보는 것이다. 아이가 정확하게 다 찾으면 보상을 주어 흥미를 갖게 한다. 처음에는 활자가 큰 책으로 하다가 나중에는 어른들 책같이 작은 활자로 된 책을 이용하는 게 좋다. 이때 빨리 찾아야 한다는 말을 해주어야 한다. 그러면 아이가 높은 집중력을 보인다. 시간이 날 때마다 한 번씩 해보면 많은 도움을 받을 수 있다.

◆ 손을 내리는 훈련

- 편한 자세로 의자에 앉아 호흡을 조정한다.
- 눈을 뜨고 오른손을 어깨 높이로 수평이 되게 뻗는다. 엄지손가락을 위로 치켜서 그 손톱을 10초 동안 바라본다.
- 계속 바라보며 "손이 내려간다. 손이 내려가기 시작하면 눈꺼풀이 무거워지고 저절로 감긴다" 이 말을 속으로 되풀이한다.
- "더 내려간다. 더 내려간다. 눈이 저절로 감긴다"를 계속 반복해서 외우면 손이 무릎 가까이까지 내려온다.
- "공부가 재미있다. 집중이 잘된다"로 말을 바꿔서 반복해 본다.
- 매일 10분씩 훈련하면 자신도 모르게 집중력이 향상된 것을 알 수 있다.

◆ 하나의 감각에만 집중하기

상자나 책상 안에 여러 가지 물건을 놓고, 그것을 집어보면서 맞추는 방법도 있다. 이때는 눈을 감고 주위의 소리가 안 들리게 하고 모든 감각을 촉각에만 집중하도록 한다. 이 방법은 유아들에게 효과적이며 놀이를 통해서 집중력을 기를 수 있는 방법이다.

◆ 이동식 집중법

위의 그림에서 첫 줄의 까만 점을 10초 동안 응시하다가 선을 따라 다음 까만 점으로 이동해서 다시 10초 동안 응시한다. 다음에는 두 번째 줄의 까만 점을 응시하는 식으로 모두 여섯 줄의 까만 점을 응시한다. 까만 점을 응시할 때는 숨도 안 쉬고 응시한다는 마음으로 집중해야 한다.

고학년의 경우에는 호이상공법을 사용한다

주의 집중을 위해서 문자 그대로 호흡하고, 이완하고, 상상하고, 공부하는 방법이다. 즉 호흡으로 이완시켜 편안한 장면을 상상하면서 공부를 시작하는 것이다. 호흡할 때는 들숨보다는 날숨을 더 길게 쉰다. 그리고 이완할 때는 수축한 직후에 하는 것이 좋다.

예를 들어 의자에 앉아 의자 뒤로 두 손을 깍지 껴서 팔에 힘을 주어 쭉 뻗었다가 깍지를 풀고 팔을 편안히 늘어뜨리는 것이다. 상상할 때 주의해야 할 것은 놀이공원에서 신나게 논 상상이라든지, 바닷가에서 뛰어노는 것 같은 동적인 장면은 좋지 않다. 푸른 초원에 누워 하늘을 바라보는 것 같은 정적인 장면을 상상하는 것이 좋다. 이러한 호이상공법은 공부를 시작할 때나 학교에서 시험을 치르기 시작할 때 활용하면 효과적이다.

공부를 시작할 때는 준비의식을 치른다

고학년의 산만한 아이들은 공부 전에 일종의 준비의식을 시킬 필요가 있다. 야구선수들도 시합 전에 심기를 다지는 의미에서 화이팅을 외치는 것처럼 공부를 시작할 때에 "공부 시작!"하고 소리를 한번 지르든가 해서 마음속의 불필요한 에너지들을 몸 밖으로 내보내는 게 좋다. 자꾸만 잡념이 생기고 집중이 안 되는 것은 몸 속에 아직도 불필요한 생각이 자리잡고 있기 때문이다. 쓸데없는 생각을 떨치라는 의미에서 크게 소리를 지른다. 또는 공상이 떠오르면 즉시 "정지!"하고 소리치며 자리에서 벌떡 일어나는 것도 좋은 방법이다.

산만하고 집중이 안 되는 아이들을 키우는 부모들은 어떻게 해서라도 이것을 고쳐주려고 애쓴다. 그래서 흔히 생각해내는 방법이 바둑학원에 보내는 것이다. 조용한 가운데 고도의 집중력을 쏟으며 바둑을 두기 때문에 산만한 아동을 치료하는 데 도움이 될 것이라고 생각하는데 그렇지가 않다.

초등학교 저학년 아이들의 산만함은 몸 속의 에너지가 지나치게 많이 쌓일 때 나타나는 것이기 때문에 이러한 아이들은 몸을 많이 움직여야 한다. 태권도, 합기도 같은 운동이 도움이 된다. 이들 운동은 운동하는 태도, 마음가짐도 중요하게 다루기 때문이다. 바둑학원은 어느 정도 집중력이 갖춰진 아이들이 기억력, 공간능력 등을 키우기 위해서 다니는 것이 좋다.

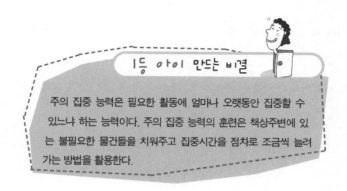

1등 아이 만드는 비결

주의 집중 능력은 필요한 활동에 얼마나 오랫동안 집중할 수 있느냐 하는 능력이다. 주의 집중 능력의 훈련은 책상주변에 있는 불필요한 물건들을 치워주고 집중시간을 점차로 조금씩 늘려가는 방법을 활용한다.

18 친구를 가르쳐주면서 성적을 올린다

협동학습은 아이들에게 능동적인 학습 태도를 갖게 해준다

　현재 우리의 학교 학습의 문제는 교사 주도의 일방적 강의 중심 수업 때문이다. 교사는 학생들에게 단순히 지식을 전달하고, 학생은 수동적으로 받아들이는 수업은 진정으로 학생들을 위한 것이 아니다. 이러한 주입식 수업은 선생님 설명을 듣기만 해도 알아들을 수 있는 일부 공부 잘하는 학생에게는 효과적일 수 있지만 공부 못하는 아이들에게는 학습효과를 보기가 어렵다.

　이것을 보완하기 위해 엄마들이 학원 과외를 시키는데, 학원에서 이루어지는 수업 역시 학교와 다름없이 소극적이고 수동적이다. 특히 학원수업은 강사들의 능란한 강의기법 때문에 들을 때는 다 아는 것 같은데, 시간이 지나면 남는 게 없다. 학교 수업과 마찬가지로 학원 수업도 예습·복습을 철저히 해야만 효과를 볼 수가 있는 것이다. 그런데 대부분의 아이들은 시간이 부족할 뿐만 아니라 설명을 들을 때는 아는 것처럼 느껴져 복습을 하지 않는다. 이 점을 보완하기 위한 학습방법이 2인 협동학습이다.

협동학습이란 학생 자신뿐만 아니라 동료의 학습효과를 최대로 하기 위해 학습 상황에서 서로 협동하는 소집단 활동을 말한다. 협동학습은 학교나 학원에서와는 달리 가르치는 입장과 배우는 입장을 동시에 할 수 있다는 장점이 있다. 특히 두 사람만 참여하기 때문에 학습자 개인의 능력이나 성향에 따라 학습할 수 있어서 개별화된 학습이 가능하며, 개별화된 학습이야말로 가장 효과적인 학습의 형태라고 볼 수 있다.

협동학습은 공부 잘하는 아이에게도 효과적이다

강의를 잘하는 사람은 너무 유창하게 빨리 가르치므로 들을 때는 아는 것 같은데 나중에 보면 이해하기가 힘들다. 그러나 또래 친구는 아이들의 말과 아이들의 사고방식으로 가르치기 때문에 이해하기가 쉽다. 또한 내용이 광범위한 과목일 경우, 서로 분담하여 자신이 맡은 부분은 가르치고 상대가 맡은 부분은 배워가면서 효율적으로 공부할 수 있다. 또한 누구를 가르쳐봤다는 성공의 기쁨은 학습태도를 좋게 만들기도 하고 학습 동기도 유발시켜 공부하고 싶은 생각을 절로 갖게 한다.

협동학습은 잘하는 아이에게도 효과적이라고 알려져 있다. 복잡한 문제를 풀 때 그 풀이과정을 상대에게 가르쳐주면서 자신의 풀이과정을 점검할 뿐만 아니라 약간은 모호했던 부분도 확실히 알게 된다. 또한 못하는 아이의 해결과정을 들음으로써 문제해결 과정에서 겪는 어려움의 형태를 파악할 수도 있다. 이것은 나중에라도 자신이 문제를 풀 때 잘못된 방법을 사용하지 않도록 하는데 도움이 된다. 가르치면서 배운다는 말이 있듯이 가르치는 역할을 해보는 것은 여러 가지 이점이 있다. 무엇보다도 충동적인 아이가 가르치는 역할을 할 경우, 문제풀이를 보다 천천히 신중하게 할 수 있게 된다.

협동학습은 학습에 대한 자신감을 키워준다

부모님이 아이를 가르칠 경우 대체로 분위기가 험악하다. 아이는 틀리게 답하면 야단맞을까봐 두려워하여 긴장을 하고, 이러한 긴장상태에서는 효과적인 학습이 이루어지기 어렵다. 반면에 또래끼리 공부하면 심리적으로 안정감을 가질 수 있다. 또한 누군가를 가르칠 수 있다는 사실은 자신감을 갖는데 도움이 된다. 연구결과에 따르면 협동학습을 지속적으로 한 아이들은 학습태도가 달라졌을 뿐만 아니라 자신에 대해 긍정적으로 생각해 공부에 대한 자신감까지도 갖게 되었다고 한다.

요즘같이 어려운 시기에 아이의 사교육비 지출은 매우 부담이 된다. 그렇다고 부모님이 직접 가르치기도 어렵고 별로 효과도 없다. 이럴 때 협동학습을 할 또래 친구를 구해보자.

　우리 아이보다 공부를 더 잘하는 아이의 어머니에게는 공부 잘하는 아이가 협동학습을 통해서 얻는 이점이 얼마나 많은지 설명해주어야 한다. 그리고 집 안에 가르치는 역할을 확실히 하도록 작은 칠판을 마련하는 것도 좋다.

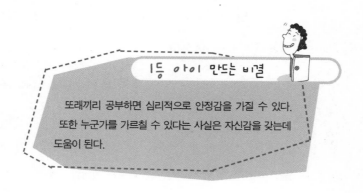

1등 아이 만드는 비결

또래끼리 공부하면 심리적으로 안정감을 가질 수 있다. 또한 누군가를 가르칠 수 있다는 사실은 자신감을 갖는데 도움이 된다.

19 시험 치르는 기술이 점수의 반을 좌우한다

시험 치르는 방법을 배우면 도움이 된다

시험의 결과는 노력한 것만큼 나오는 것이 당연하지만 어떤 아이는 시험 치르는 기술이 없어 불이익을 당하는 경우가 있다. 예를 들면, 시험을 칠 때마다 시간이 부족하다고 울상인 아이들이 있다. 이 아이들의 특징은 모르는 문제가 나오면 그것을 붙잡고 끝까지 풀어야지 그렇지 않으면 다음 문제로 넘어가지 못한다는 점이다. 한 문제를 가지고 끙끙대다 보면 나머지 문제를 풀 시간이 부족한 것이 당연하다.

또 한 가지 문제는 시험 준비를 할 때도 효율적이지 못하다. 내일 두 과목을 본다면 두 과목 모두 어느 정도 공부하고 가야 하는데 한 과목을 공부하는데 시간이 너무 많이 걸리는 바람에 나머지 과목은 손도 대지 못하고 시험을 치러 너무도 나쁜 점수를 받게 된다. 시험을 치르는 데에도 방법이 있고 기술이 있다. 적절한 기술이 없어서 자신이 아는 것을 충분히 발휘하지 못하는 것은 안타까운 일이다. 이러한 시험 치르는 기술은 시간이 가면서 서서히 습득되기도 하지만 일찍 배우면 많은 이점이 있으므로 부모가 가르쳐서 습득을 시켜 주어야 한다.

당일치기 시험준비는 낭패 보기 쉽다

시험 전에는 열심히 놀다가 전날이 되어서야 공부하는 아이들이 있다. 소위 당일치기를 하는 아이들이다. 그러나 당일치기로는 좋은 성적을 얻을 수 없다. 공부 방법에는 전습법과 분습법이 있는데, 전습법은 한꺼번에 하는 것이고, 분습법은 여러 번에 나누어서 공부하는 것을 말한다. 연구결과들을 보면 분습법이 전습법보다 더 효과적이라고 한다. 그러므로 시험공부를 할 때에도 미리미리 여러 번에 걸쳐 하는 것이 좋다.

아이들 생각으로는 암기과목은 미리 하면 잊어버리기 때문에 당일치기를 해야 한다고 하는데 그렇지 않다. 요즘 교과목의 성격은 암기만을 요구하지 않기 때문이다. 예를 들어 사회 과목도 단순히 외우기만 하면 되는 것이 아니고 이해를 해야 한다. 이해한다는 것은 내용 속에 들어 있는 구조를 찾아낼 수 있다는 것을 말하며, 구조 찾기의 과정은 단시간에 되는 것이 아니다. 그래서 영어 · 수학은 잘하는데 사회나 과학 같은 과목에서 성적이 좋지 않은 아이들이 의외로 많은 것을 볼 수 있다.

시간이 부족하면 뒷부분부터 공부한다

다음날 두 과목을 시험볼 때 두 과목을 모두 공부할 시간이 없으면 한 과목만 하고 한 과목은 포기할 것이 아니라 두 과목 다 조금이라도 공부하는 것이 낫다. 한 과목은 전혀 손을 대지 않고 시험을 치르면 점수가 너무나 안 좋아 전체 평균 점수가 많이 내려가게 된다. 또한 시간이 없으면 뒤부터 공부하는 것이 좋다. 예를 들어 시험범위가 1과부터 10과까지라면 10과부터 해나가는 것이다. 1과부터 시작하여 3과까지밖에 공부를 못하는 것보다 10과, 9과, 8과를 공부하고 시험을 치르는 것이 훨씬 효과적이다. 앞부분까지 못하더라도 뒷부분을 알면 전체적인 흐름을 알 수 있어 어느 정도는 이해할 수 있기 때문이다.

합리적인 시험공부 계획을 세운다

시험 발표가 나면 누구나 계획표를 만든다. 계획표를 만드는 방법은 우선 내가 공부할 수 있는 총시간을 계산해놓고 과목당 적당한 시간을 배분한다. 이럴 때 하루에 한 과목씩 배당하지 말고 적어도 두 과목 이상씩을 배당하는 것이 좋다. 아이들은 3~4시간 동안 한 과목에 집중하기가 어렵고, 같은 과목만 계속 공부하면 흥미를 잃게 되기 때문이다.

하루에 두 과목을 하기로 했다면 어려운 과목과 쉬운 과목을 묶어서 하는 것이 좋다. 특히 유의해야 할 것은 계획표대로 실행하지 못한 날이 있더라도 연연해 하지 말고 그냥 넘어가야 한다. 그리고 다음날에는 그날 정해진 부분을 공부하도록 한다.

해당 과목 선생님의 출제 유형을 알아본다

대학에서는 소위 '족보'가 학생들 사이에 돌아다닌다. 족보란 교수님들이 출제했던 문제들 즉 기출문제들이다. 교수님들이 매학기 같은 문제를 내지 않으려고 노력은 하지만, 중요하다고 생각되는 부분은 항상 중요하기 때문에 결국 비슷한 문제를 낼 수밖에 없다. 그러므로 동네에 같은 학교를 다니는 선배가 있다면 그 선배에게 예전의 시험지를 얻어서 복사해놓는 것이 좋다. 이것으로 해당 과목 선생님의 출제 유형을 파악해놓고 거기에 따라 예상 시험문제도 만들어보면서 시험 준비를 하는 것이다. 대학입시 공부를 할 때에도 마지막 단계에서는 이전에 출제됐던 문제를 풀어보는 것이 매우 큰 도움이 된다.

시험문제를 풀 때 먼저 문제당 시간을 배정한다

　대학에서도 시험 감독을 할 때면, 항상 시간이 모자라 쫓기는 학
생들을 보게 된다. 끝나는 종이 울려도 열심히 쓰고 있는 학생들에
게 나는 이렇게 말한다.

　"시험 치르는 기술도 일종의 능력이다. 능력 평가를 공정히 해야
하기 때문에 봐줄 수가 없다." 그리고는 가차 없이 시험지를 거둬 간
다. 대학의 시험문제는 대체로 작은 문제와 큰 문제로 구성되어 있
다. 예를 들어 5점짜리 네 문제와 15점짜리 두 문제로 50점 만점 시
험이라고 할 때, 먼저 풀어야 하는 문제는 5점짜리이다. 작은 문제는
대체로 점수를 주려고 낸 것이기 때문에 그리 어렵지 않다. 쉬운 문
제를 빠른 시간 안에 먼저 풀고 나중에 어려운 문제를 풀어야 한다.

　그런데 어떤 아이는 5점짜리 문제를 너무도 길게 쓰고 15점짜리
문제는 짧게 쓰는 경우가 있는데, 이 학생은 문제당 시간 할당을 제
대로 하지 못한 경우이다. 이처럼 대학생이 됐는데도 아직까지 기본
적인 시험 치르기 전략도 모르는 경우가 있다.

　앞으로 초등학교에서 예전의 일제고사 같은 학력평가가 부활한다
고 한다. 이번에 부활되는 학력평가는 창의성이나 사고력을 보기 위
해 되도록 객관식 시험은 지양하고 논술형의 주관식 문제가 많이 출
제되리라고 본다. 문제의 배점 등을 고려하여 한 문제에 몇 분을 할
애해야 하는지 먼저 계산해놓고 거기에 맞추어 답안을 작성하는 속

도를 조정해야 한다.

문제유형에 따라 시험 치르는 기술도 달라진다

시험문제의 유형은 대체로 논술형, 객관식, 문제풀이형으로 나뉜다. 논술형은 쓰기 전에 무엇을 어떻게 쓸 것인지 논리적 흐름을 갖추어놓은 다음 쓰기 시작하되, 서술해가는 동안 자신의 견해를 뒷받침해줄 수 있는 적절한 예를 덧붙이는 것이 좋다. 특히 실생활의 예는 모든 사람들에게 공감이 되기 때문에 설득력을 갖게 해주므로 잘 활용하도록 한다.

객관식은 번호 순서대로 답을 하되, 의심이 나는 문제는 번호에 표시를 해놓고 나중에 다시 검토하도록 한다. 한 문제에 너무 오래 지체해서는 안 되며, 부정형(~이 아닌 것은?)이나 이중 부정형(~로써 맞지 않는 것은?) 문제에 유의해야 한다.

반드시 점검해야 할 것은 답을 밀려 쓰지 않았는가 하는 것이다. 아직 답을 기입하지 않았을 경우 답안지에 빈칸으로 놔두지 않고 차례로 채우다 보면 밀려 쓰는 일이 종종 있다. 또 한 가지 유의할 점은 4지 선다형의 문제는 처음에 쓴 답이 맞는 경우가 많으므로 자신 없는 문제는 검토하는 과정에서 고쳐 쓰지 않도록 한다.

수학 같은 문제풀이형은 시험지를 받자마자 어려운 공식 등을 시험지 가장자리에 미리 적어놓는 것이 좋다. 시간이 너무 오래 걸리거나 풀 수 없는 문제는 나중에 보도록 하고 다음 문제로 넘어가도록 한다.

시험 불안을 없앤다

지나친 경쟁과 부모의 강압 등으로 대부분의 아이들이 시험에 대한 불안을 가지고 있다. 불안이 심한 아이들은 시험지를 받는 순간 너무 걱정을 한 나머지 글씨가 잘 안 보일 정도이다. 시험 불안이 있는 경우 자신의 실력을 제대로 발휘할 수가 없기 때문에 훈련을 통해서 줄여주어야 한다. 시험 불안을 감소시키는 기술에는 호이상공법, 사고전환법, 체계적 감감법 등이 있다.

◆ 호이상공법

호이상공법은 문자 그대로 호흡하고, 이완하고, 상상하고, 공부하는 방법이다. 선생님이 시험지를 나누어줄 때부터 심호흡을 한다. 몇 차례 깊게 들이쉬고 천천히 내쉬는 심호흡을 한 다음 두 팔을 뒤로 돌려서 의자 뒤로 손을 맞잡고 가슴을 쭉 내밀며 힘을 주었다가 천천히 뺀다. 다리도 앞으로 쭉 뻗고 발가락을 모두 위로 올려 힘을 주고 나서 천천히 힘을 뺀다. 팔다리 이완은 한두 번만 해도 몸의 근육이 풀어져 매우 시원한 느낌을 갖게 한다.

다음에는 머릿속으로 자신이 가장 행복해 했던 순간을 떠올린다.

그런 다음 시험문제를 풀기 시작한다.

◆ 사고 전환법

사고전환법은 자신이 걱정하고 염려하는 것이 쓸데없음을 깨닫는 것이다. 사실 우리가 일상생활에서 겪는 근심, 걱정, 불안은 조금만 정신을 가다듬어 냉정하게 따져보면 대부분은 별로 중요하지 않다. 실제는 그렇지 않은데 잘못된 생각 때문에 세상을 위험하고 고통스러운 것으로 생각하는 것이다. 잘못된 생각을 버리고 보다 합리적으로 생각함으로써 편안해질 수가 있다. 시험을 못 본다고 하늘이 무너질 것도 아니고, 성적이 떨어진다고 해서 세상이 끝장나는 것도 아니다. 이번에 못 봐도 다음에 더 많이 노력해서 잘 보면 되는 것이다. 쓸데없는 걱정을 함으로써 시험을 못 보는 것은 어리석은 일이다.

◆ 체계적 감감법

체계적 감감법은 시험과 관련된 여러 가지 장면을 상상하면서 그때마다 일어나는 불안을 근육 이완으로 감소시키는 것이다. 시험 불안이 높은 아이는 시험 보는 상상만 해도 불안이 고조된다. 그러나 근육이 이완된 상태에서는 시험 보는 장면을 상상해도 편안해질 수가 있다. 즉 우리 인간은 이완이 된 상태에서는 불안을 잘 느끼지 않는다는 원리를 이용하는 것이다. 먼저 근육 이완을 시켜놓고 시험

보는 장면을 상상해보는 훈련을 반복한다. 훈련이 끝난 다음, 시험 보는 장면을 아무렇지도 않게 상상할 수 있게 됐으면, 이러한 경험을 통해 실제 상황에서도 불안이 일어나지 않게 된다.

1등 아이 만드는 비결

초등학교에 예전의 일제고사 같은 학력평가가 부활한다고 한다. 창의성이나 사고력을 보기 위해 되도록 객관식 시험은 지양하고 논술형의 주관식 문제가 많이 출제되리라고 본다. 문제의 배점 등을 고려하여 한 문제에 몇 분을 할애해야 하는지 먼저 계산해놓고 거기에 맞추어 답안을 작성하는 속도를 조정해야 한다.

20 음악 들으며 공부하는 것도 하나의 공부 스타일

너무 조용하면 불안해하는 아이도 있다

학습 상담을 하다 보면, 아이가 음악을 들으면서 공부하는 것 때문에 고민하는 부모가 많다. 부모는 당연히 아이가 음악을 들으면서는 공부를 제대로 할 수가 없다고 생각한다. 그래서 잔소리도 하고 야단도 쳐보지만 음악 듣는 습관을 고칠 수가 없다.

이제는 부모가 생각을 바꿀 필요가 있다. 음악을 들으면서 공부하는 것도 하나의 학습양식이기 때문이다. 학습양식이란 자신이 좋아하는 공부 스타일을 말하며, 자신이 좋아하는 방식에 맞추어 공부하면 효과가 있다. 분명히 아이는 음악을 들으면서 공부하는 것이 편하고 효과가 있다고 생각할 것이다.

개인의 학습양식을 중요하게 생각하는 외국의 학교에서는 수업시간 중에 헤드폰을 끼고 음악 듣는 것이 허용되기도 한다. 특히 도시에 사는 아이들은 언제나 자동차 소리 같은 기본 소음 속에서 살기 때문에 너무 조용하면 불안해진다고 한다. 불안한 상태에서는 공부가 잘될 수 없다. 따라서 불안 수준을 낮추기 위해서라도 음악 듣는 것을 허용하는 편이 낫다. 그러나 음악에 따라 받는 영향이 달라질 수 있으므로 이 점을 유의해야 한다.

공부하면서 듣는 음악은 선별해야 한다

공부하면서 듣는 음악 중에 가장 바람직한 것은 클래식이다. 요즈음 아이들치고 클래식을 좋아하는 아이는 별로 없는 것 같다. 그렇기 때문에 클래식을 듣도록 강요해봐야 소용이 없다. 아이들이 좋아하는 음악은 강한 비트가 들어 있는 댄스음악이고, 이런 음악은 무척 시끄럽다. 어른들에게는 이런 시끄러운 음악 속에서 공부하는 것이 불가능해 보이지만, 아이들은 이런 음악들에 익숙해져서 별로 방해를 받지 않는다. 다시 말하면 음악이 익숙한 것인가 아닌가가 더 문제가 될 뿐 음악 자체가 문제 되는 것은 아니다.

사람은 동시에 두 가지 일을 하기가 어렵다. 그러나 우리는 일상생활에서 두 가지를 동시에 쉽게 할 때가 있다. 예를 들어 음악을 들으며 청소를 한다든가, 음악을 들으며 신문을 본다든가 하는 경우들이다. 이렇게 두 가지를 동시에 할 수 있는 것은 자극하는 감각의 종류가 다르기 때문이다. 음악은 청각을 자극하고, 신문은 시각을 자극하기 때문에 두 가지 활동을 같이 해도 크게 방해받지 않는다. 우리가 신문을 보면서 텔레비전을 보기가 어려운 것은 두 가지 모두 시각 자극이기 때문이다.

또한 두 가지 활동을 동시에 할 수 있는 경우는 한 가지 활동이 너무 익숙해져서 정신적 에너지를 별로 쓰지 않고도 자동적으로 행할 수 있는 때이다. 예를 들어 초보 운전일 때, 우리는 운전하는 것 이외에는 어떠한 일도 할 수가 없다. 그러나 운전이 익숙해지면 음악도 들을 수 있고 옆 사람과 얘기도 나눌 수 있게 된다.

마찬가지로 공부하면서 음악을 들을 때에도 항상 듣는 종류의 음악일 경우 음악 듣는 데에 에너지를 별로 쏟지 않기 때문에 공부에만 집중할 수가 있는 것이다. 그러므로 공부하면서 듣는 음악은 새로운 음악보다는 언제나 들어왔던 음악이 좋다. 새로운 음악일 경우에는 노래가사가 방해가 되기 때문이다.

공부하는 책도 언어자료이고 노래가사도 언어자료이기 때문에 노래가사에 신경을 쓰다 보면 공부하는 책에 집중할 수가 없어 책 내용을 이해하기가 어렵게 된다. 즉 같은 언어자료를 동시에 처리할 때에는 한 가지를 소홀히 한다는 것이다.

우리가 여기에서 유의해야 할 것이 있다. 그것은 심야방송의 음악 프로그램을 들으면서 공부할 때이다. 요즈음 아이들이 열심히 듣고 있는 심야방송을 보면, 음악 위주의 프로그램이라기보다는 대화 위주의 프로그램인 것 같다. 즉 DJ의 멘트가 너무 많다는 것이다. 초대 가수와의 대화, 편지 소개, 전화 내용 등 음악보다는 말이 더 많다. 이는 모두 언어자료이기 때문에 같은 언어자료인 책을 공부하는 데 방해가 된다.

이와 같은 현상은 어른들도 직접 경험할 수 있다. 음악이 나올 때는 책을 읽다가도 DJ의 멘트가 나오면 순간적으로 책에서 멘트로 주의 집중이 전환된다. 따라서 엄마들이 유의할 점은 심야방송을 되도록 적게 듣도록 하는 것이다. 아이가 CD나 테이프를 사달라고 하면 아무리 비싸도 되도록 사주는 것이 좋다. 심야방송을 듣는 것보다는 테이프를 듣는 것이 낫기 때문이다.

음악은 '소리내어 공부하기'의 방법을 방해한다

책을 읽을 때 조용히 눈으로만 읽는 것보다는 소리내어 읽는 것이 더 효과적이다. 눈으로 읽으면 시각만을 자극하지만 소리내어 읽으면 시각과 청각을 동시에 자극하기 때문이다. 되도록 여러 가지 감각기관을 자극하면서 공부하는 것이 더 효과적이라는 것은 많은 연구결과에서 밝혀졌다. 그러므로 눈으로만 보는 것보다는 시각, 청각, 촉각, 후각 모두를 자극하는 실험을 해보는 것이 효과적이다.

특히 '소리내어 공부하기'는 소리 자체가 한 형태로 기억되기 때문에 나중에 기억해낼 때 많은 도움이 된다. 예를 들어 영어 책을 읽을 때 소리내어 읽으면 문법 등을 기억하는 데 도움이 된다. 동명사와 부정사를 구분하는 문제가 나왔을 때, "I enjoy(①to fish ②fishing). I enjoy to fish." 하고 읽어보면 어쩐지 어색하다. "enjoy fishing"이라는 소리가 머릿속에 입력되어 있기 때문이다. 이렇게 소리의 기억에 따라 답을 내면 기억하기도 쉬울 뿐만 아니라 정답을 찾기도 쉽다.

그런데 음악을 들으면서 공부할 경우는 이러한 '소리내어 공부하기'를 할 수가 없다. 음악소리와 자신의 목소리가 혼합되기 때문이다. '소리내어 공부하기'가 도움이 되는 영어 같은 과목을 공부할 때는 음악을 끄도록 해야 한다.

고도의 집중을 요하는 공부를 할 때는 음악을 들으면서 할 수가 없다

우리 아이도 예전엔 음악을 틀어놓고 공부했는데, 대학 입시를 한 달 앞두고 공부할 때 보니 음악소리가 나지 않았다. '급하니까 너도 어쩔 수가 없구나.' 생각하면서 아이에게 음악을 듣지 않고 공부해도 괜찮냐고 물어보았다. 그랬더니 아이가 "시간이 얼마나 남았다고 음악을 들어요? 나 그럴 여유 없어요." 하고 대답했다.

그 말을 듣고 나는 여러 가지를 알 수 있었다.

아이들이 음악을 듣는 것은 첫째는 덜 급해서이고, 둘째는 정말로 집중할 마음이 없어서이고, 셋째는 다급하면 잔소리를 안 해도 제 스스로 음악을 끄는구나, 라고 생각했다. 그렇다고 아이가 음악을 들으며 공부할 때 엄마가 강제로 음악을 끄는 것은 좋지 않다. 대신 아이에게 음악이 왜 방해될 수 있는지 설명해준다. "사람의 기억용량은 제한되어 있기 때문에 동시에 두 가지를 하기가 어렵단다." "클래식이 좋긴 한데, 그것이 어려우면 테이프를 들어라. 심야방송은 방해가 되니까." 라고 알아듣기 쉽게 일러준다.

1등 아이 만드는 비결

음악을 들으면서 공부하는 것도 하나의 학습양식이다. 학습양식이란 자신이 좋아하는 공부 스타일을 말하며, 자신이 좋아하는 방식에 맞추어 공부하면 효과가 있다. 분명히 아이는 음악을 들으면서 공부하는 것이 편하고 효과가 있다고 생각하겠지만 공부하면서 듣는 음악은 선별되어야 한다.

21 예습과 복습의 효과를 극대화시킨다

예습과 복습의 중요성은 아이마다 다르다

학교공부를 잘하기 위해서는 예습·복습을 철저히 해야 한다는 것은 잘 알려져 있다. 그런데 아이의 하루 일과를 보면 집에서 혼자 공부할 시간이 별로 없는 것 같다. 학교에 다녀온 후 학원을 갔다 오면 한밤중이고 피곤에 지쳐 잠자기가 일쑤다.

이처럼 하루 일과에 바쁜 아이들이 짧은 시간 동안 예습·복습을 효율적으로 하기 위해서는 먼저 예습 위주로 할 것인가 복습 위주로 할 것인가를 결정해야 한다. 만일 아이가 학교공부를 제대로 따라가지 못하고 있다면 복습 위주로 공부하여 모르는 것이 누적되지 않도록 해야 한다. 그러나 대부분의 아이들은 예습 위주의 공부가 효율적이다. 예습을 제대로 하면 그 다음날 수업시간에 집중을 하게 되어 수업태도가 좋아진다.

예습은 선행학습과는 다르다

　요즈음 선행학습을 위해서 학원이나 과외를 하며 학교 진도보다 6 개월 심지어는 1~2년 정도를 앞서 공부하고 있는데, 이것은 득보다는 실이 많다고 본다. 너무 빠른 선행학습은 학교수업을 지루하게 만들어 수업태도만 나쁘게 한다. 올바른 수업태도는 앞으로 계속적으로 학교공부를 해야 하는 아이들이 반드시 갖추어야 할 태도이다. 따라서 좋은 수업태도를 갖게 하고 수업시간에 선생님의 말씀을 잘 이해하기 위해서는 예습을 하는 것이 좋다.

　예습은 앞으로 배울 내용의 큰 틀을 머릿속에 넣는 것이다. 일단 틀이 머릿속에 갖춰지면 세부적인 내용들은 자연스럽게 그 틀 속에 자리를 잡는다. 또한 앞으로 배울 내용에 대한 큰 틀이 머릿속에 있으면 세부적인 내용이 궁금해지기 때문에 흥미와 관심을 갖고 공부하게 된다. 이것은 배급을 타러 갈 때, 그냥 가는 것보다 그릇을 가지고 가서 그릇에 담아오는 것이 더 효과적인 것과 같은 이치이다.

　짧은 시간 안에 예습할 수 있는 방법은 소제목들만 보는 것이다. 소제목들을 보면 그 안의 내용을 추측할 수 있다. 또한 추측한 것이 완전하지 않기 때문에 질문이 생기게 된다. 따라서 예습이 끝났을 때는 머릿속에 질문이 들어 있어야 한다. 다음날 수업을 들으면서 의심이 갔던 부분과 궁금했던 부분이 해결됐을 때, 그 내용은 매우 오랫동안 기억에 남게 된다.

복습은 수업이 끝난 직후 쉬는 시간을 이용한다

복습할 시간이 없다고 해서 복습을 완전히 포기해서는 안 된다. 복습은 효과가 가장 크게 나타나는 시점에서 해야 하는데, 그것은 공부가 끝난 직후이다.

어떤 아이가 자기 반에서 항상 1등을 하는 아이를 유심히 관찰해 보았다. 저 아이는 도대체 어떤 식으로 공부하길래 공부를 잘하는지 궁금했기 때문이다. 그런데 보통 아이들과 별로 다를 게 없었다. 학교에서는 친구들과 떠들면서 잘 놀고, 학교가 끝나도 친구들과 어울려 다녔다. 그러던 어느 날 다른 아이들과 다른 점을 발견해냈는데, 그것은 쉬는 시간이었다. 끝나는 종이 울리고 선생님이 나가면 모든 아이들은 후다닥 책을 덮고 떠들면서 노는데, 그 아이는 책을 보고 있었다. 길어야 채 3분이 안 되는 짧은 시간 동안 책을 보고 있었던 것이다. 그래서 그 아이한테 물었다.

"너 뭐하니?"

"응, 이번 시간에 배운 것 복습했어."

바로 이것이다. 복습은 공부가 끝난 바로 직후에 하는 것이 가장 효과적이다. 우리가 컴퓨터로 작업을 하다가 "저장하기"를 하지 않으면 자칫 실수로 자료가 다 날아가듯이, 쉬는 시간 3분 정도라도 조금 전에 배운 내용을 저장하는 작업을 해야 한다. 배운 내용을 망각하는 양은 배운 직후가 가장 많기 때문이다.

인간의 망각현상을 연구한 에빙하우스라는 학자는 자신이 실제로 실험대상이 되어 수많은 실험을 통하여 망각곡선을 발표했다. 그에 따르면 학습을 하고 나서 한 시간 안에 가장 많은 망각이 일어나는데 그 양이 60%에 달한다고 한다. 8시간 이후에는 80%가 망각되고 20%가 기억에 남는데, 이러한 망각률은 24시간 이후에는 물론 48시간 이후에도 계속 지속된다고 한다. 그러므로 가장 효과적인 복습의 시간은 한 시간 이내이며, 적어도 8시간 내에 하는 것이다. 즉 망각률이 가장 큰 한 시간 안에 재학습을 함으로써 망각률의 크기를 감소시킬 수 있다는 것이다.

그러니까 공부 잘하는 아이가 쉬는 시간을 복습시간으로 잡은 것은 매우 효율적인 방법인 것이다. 따라서 쉬는 시간, 또는 하교길의 차 안 같은 자투리 시간에 오늘 배운 내용을 다시 한번 보는 공부방법은 여러 가지 면에서 권장할 만한 공부전략이다.

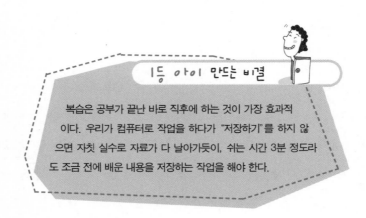

1등 아이 만드는 비결

복습은 공부가 끝난 바로 직후에 하는 것이 가장 효과적이다. 우리가 컴퓨터로 작업을 하다가 "저장하기"를 하지 않으면 자칫 실수로 자료가 다 날아가듯이, 쉬는 시간 3분 정도라도 조금 전에 배운 내용을 저장하는 작업을 해야 한다.

22 계획표만 잘 짜도 우등생이 될 수 있다

공부계획에 앞서 인생계획부터 세우자

공부계획을 세우는 것은 공부를 잘해보겠다는 것인데, 이보다 더 중요한 것은 내가 왜 공부를 해야 하는지를 아는, 즉 공부의 필요성을 인식하고 있어야 한다는 것이다. 많은 아이들이 엄마가 공부하라고 해서 한다든가, 좋은 학교에 가기 위해서 한다고 하는데, 왜 좋은 학교에 가야 하는지에 대한 뚜렷한 이유를 알고 있지 못하고 있다. 이렇게 뚜렷한 목표의식이 없으면 자발적으로 열심히 공부를 하기가 어렵다.

많은 아이들이 장래희망을 가지고 있다. 나는 선생님이 될 거예요, 나는 백댄서가 될 거예요, 등 나름대로 목표를 가지고 있는데 그 목표에 이르기 위해서 무엇을 준비해야 하는지를 모르고 있다는 것이다. 다른 것은 몰라도 아이의 목표를 세울 때는 부모의 도움이 필요하다. 먼저 부모가 인터넷을 통해서 세상에 존재하고 있는 직업에 대해서 조사하고, 그 수많은 직업들 중 무엇이 아이의 적성에 맞는 지, 또 앞으로 유망할지를 아이와의 지속적인 대화를 통해 정해보도록 한다.

장래의 목표가 정해지면 단계별 실천계획을 세운다

장래의 목표를 달성하기 위해서 올해, 이번 달, 이번 주, 오늘, 무엇을 구체적으로 해야 하는지를 정한다. 목표 없이 시간표를 작성해 놓으면 목적의식이 생기지 않아 공부하려는 적극적인 마음을 갖기가 어렵다. 목표를 세우는 순서는 다음과 같다.

- 큰 목표를 정한다.(나의 꿈은 무엇인가?)
- 구체적 목표를 세운다.(어느 대학, 무슨 과, 직업은?)
- 연간 계획을 세운다.(올해에 꼭 이루고 싶은 것, 하고 싶은 것)
- 짧은 계획을 세운다.(여름방학 계획, 겨울방학 계획, 2학기 계획)
- 더 짧은 계획을 세운다.(이번 주 안에 해야 할 일)

위의 과정을 거친 후에 비로소 생활계획표를 작성한다.

욕심을 부리지 말고 실천 가능한 계획을 세우자

계획표를 짤 때 가장 유의해야 할 점은 너무 욕심을 부려서는 안된다는 것이다. '작심삼일'은 자신의 능력을 넘어서 너무 많은 양을 책정했기 때문에 일어나는 경우이다. 계획은 지속적인 실행이 무엇보다도 중요하기 때문에, 부족하다 싶을 정도의 양을 세워서 '실행한 기쁨'을 맛볼 수 있어야 한다. 이 기쁨이 동기 유발의 원천이 되어서 공부하고 싶은 마음을 강화시키는 것이다.

계획표를 짤 때 유의해야 할 또 한 가지는 공부위주로만 계획표를 세워서는 안 된다는 것이다. 다른 생활은 무시하고 공부 위주로 계획표를 세우면 자꾸만 예외적인 일이 일어나면서 지키지 못하는 날이 많아지게 되고 결국 계획표 자체가 무용지물이 되는 것이다.

아이의 생활시간을 조사하여 생활계획표에 모두 포함시킨다

좋은 생활계획표를 짜기 위해서는 먼저 생활시간을 조사해야 한다. 계획표를 짜기 전 1주일 동안 아이의 생활시간을 기록하고 검토해보자. 그러면 반드시 계획표 안에 들어갈 내용들을 추려낼 수가 있다.

생활시간을 조사할 때는 대체로 아이의 생활단위가 1주일로 되어 있으므로 1주일 동안 계속해서 조사할 필요가 있다. 그 방법은 1일

24시간을 30분씩 나누어서 하루의 주요 활동을 조사표에 표시하면 된다. 조사표에 써야 할 주요 사항은 다음과 같다.

1. 잠(낮잠 포함)

2. 식사 : 식사시간과 식후 쉬는 시간 구별

3. 휴식 : 앉거나 누워서 쉬는 것

4. 몸치장 : 세면, 머리 손질, 옷 갈아입기, 용변, 목욕 등

5. 공부 : 학교 공부, 예습, 복습, 숙제, 문제집 풀기, 시험공부, 기타를 구별

6. 특별 교육 : 학교 행사, 취미 활동, 학원, 교회나 절, 과외 등

7. 교양 : 독서, 교육방송, 만들기, 신문보기 등

8. 일 돕기 : 심부름, 집안일 돕기, 애 보기, 가게 보기 등

9. 사교 : 모임, 방문, 식구들과 시간 보내기 등

10. 운동 : 체조, 게임, 산책(걷기), 공놀이, 줄넘기 등

11. 자유놀이 : 라디오, 텔레비전, 만화, 영화, 놀이 등

12. 기타: 간호, 병, 예상치 못한 일

위의 사항을 조사하면서 아이의 시간 이용이 합리적인지 검토해 본다. 공부시간이 너무 짧지나 않은지, 잠자는 시간은 적당한지, 시간이 낭비되는 부분은 없는지, 휴식과 공부시간의 비율은 적당한지 검토한다. 고칠 부분은 시간표를 실제 작성할 때에 참고로 한다.

책상 위에는 생활계획표와 공부시간 계획표가 같이 붙어 있어야 한다

생활계획표는 24시간 안에 할 일들을 기록하는 것이므로, 하루를 원으로 그려놓고 나누어 표기하는 것이 좋다. 이때 주의할 점은 공부할 시간으로 잡힌 곳에만 색깔을 칠해놓는 것이다. 예전 어머니들은 계획표를 그릴 때, 총천연색으로 구획마다 색칠을 했는데, 먹는 시간이나 자는 시간 등은 결코 잊지 않기 때문에 강조할 필요가 없다. 하지만 공부하는 시간은 자칫 잘못하면 놓쳐버리기 쉬우므로 색을 칠해서 곧바로 눈에 띄게 하는 것이다.

생활계획표 옆에는 공부시간 계획표를 붙여놓는다. 여기에는 오늘 하루에 해야 할 과목들을 적는데, 과목 이름만 적는 것이 아니라 '수학 문제집 55~57쪽' 식으로 구체적으로 정해놓는다. 주의할 점은 한 과목의 배정시간을 너무 오래 잡지 않는 것이다.

초등학교 고학년이나 중학생의 경우, 과목 당 60분~90분 정도로 잡고 10분~20분 정도의 휴식시간을 정하는 것이 좋다. 아이들의 집중시간은 길지 않기 때문에 한 과목을 오래 하는 것보다는 나누어서 하는 것이 좋고, 휴식시간을 적절히 넣어서 여유 있게 하는 것이 좋다.

결론적으로 말하면 계획표를 짤 때는 공부 위주로 짜지 말고 교회나 학원 등의 고정된 시간과 일상생활에 꼭 필요한 활동시간을 먼저 빼놓고 공부하는 시간을 잡아야 실천이 가능한 계획표가 된다.

우리에게 가장 공평하게 주어진 것이 시간이다. 부자에게도 하루는 24시간이고 가난한 사람에게도 하루는 24시간이다. 그러므로 우리가 보다 잘살기 위해서 해야 할 일은 자신에게 주어진 시간을 효율적으로 관리하는 것이다. 특히 학업에 열중해야 하는 학생들에게 시간관리는 아주 중요하며 일종의 능력일 수도 있다.

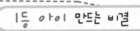

1등 아이 만드는 비결

계획표를 짤 때 가장 유의해야 할 점은 너무 욕심을 부려서는 안 된다는 것이다. 계획은 지속적인 실행이 무엇보다도 중요하기 때문에, 부족하다 싶을 정도의 양을 세워서 '실행한 기쁨'을 맛볼 수 있어야 한다. 이 기쁨이 동기 유발의 원천이 되어서 공부하고 싶은 마음을 강화시키는 것이다.

1등 아이 만드는 학습치료

학습 부진은 지능이 낮아서 공부를 못하는 학습 지진아와는 달리, 지능은 보통 이상인데 실제 학업성적이 나쁘고 실생활에서도 제대로 자신의 지적 능력을 발휘하지 못하는 경우이다. 대체로 아이의 불안정한 심리상태에서 생긴다고 볼 수 있기 때문에 적절한 치료를 받으면 좋아질 가능성이 크다.

23 성적 부진에는 이유가 있다

　자식을 키우면서 엄마들이 제일 힘들어하고 속상해 하는 것은 역시 아이의 성적 부진이다. 아이가 공부를 잘하고 못하고는 정말로 어떻게 할 수가 없다. 공부하라고 야단도 쳐보고 잔소리도 해보지만 공부할 의욕이 전혀 없는 아이에게는 이 모두가 허사일 뿐이다. 그렇다고 절망하면서 포기하기는 너무 이른 때인 것 같아 누구에게 도움이라도 받아볼까 생각하지만 어디를 찾아가야 할지도 몰라 시간만 허비하게 된다.

　학습 부진은 너무도 복합적인 원인이 내재되어 있기 때문에 부모가 그 원인을 찾기는 힘들다. 따라서 전문가의 도움이 필요하다. 특히 학습문제는 초기에 잡아주어야 한다. 좀더 크면 자기가 알아서 정신을 차리겠지 하고 기다리다 보면, 학습 진도를 도저히 따라가지 못할 만큼 심각한 결과를 가져온다.

공부할 의욕이 전혀 없는 아이, 기초 기능 수행이 떨어져 진도를 따라갈 수 없는 아이 등은 아무리 과외를 시키고 학원을 보내도 전혀 효과가 없다. 그러므로 이 아이가 왜 학습이 뒤떨어졌는지 원인을 찾아야 한다.

학습문제를 상담해주는 소아정신과, 또는 전문 상담센터에서 여러 가지 심리검사를 통해 아이의 문제점을 파악하고, 원인에 따라 아이의 능력에 맞는 적절한 학습치료를 받는 것이 좋다. 근본적인 문제를 해결하지 않은 채 억지로 공부를 시키는 것은 모래 위에 집을 짓는 것과 같다. 앞으로 오랜 세월 동안 공부할 수밖에 없는 아이들을 위해서라도 미리미리 조치를 취해주어야 한다.

학습 부진은 지능이 낮아서 공부를 못하는 학습 지진아와는 달리, 지능은 보통 이상인데 실제 학업성적이 나쁘고 실생활에서도 제대로 자신의 지적 능력을 발휘하지 못하는 경우이다. 어떤 특정 과목이나 특정 영역이 떨어지는 것이 아니라 전체적으로 고르게 성적이 나쁜 경우가 많다. 그러므로 뇌 기능의 이상으로 읽기, 쓰기, 셈하기 등 특정 영역에서 곤란을 겪는 학습장애와도 다르다. 학습 부진은 대체로 아이의 불안정한 심리상태에서 생긴다고 볼 수 있기 때문에 적절한 치료를 받으면 좋아질 가능성이 크다.

학습 부진아의 구체적 특징을 살펴보면, 학업면, 정서·사회면, 한경면의 세 가지 측면으로 나눌 수 있다.

학업면의 특징

① 지능의 저하 또는 지능 분포의 불균형(동작성 지능에 비해 언어
   성 지능이 떨어짐)

② 장기 기억력에 비해 단기 기억력이 낮음(동시에 처리할 수 있는
   기억의 용량이 작음)

③ 학습동기, 지적인 호기심, 홍미 등이 약함

④ 기초 학습 기능이 부족함(언어나 수학의 기초 기능이 약하기 때
   문에 전반적으로 모든 학과에서 뒤떨어짐)

⑤ 학습기술이 부족함(효율적인 공부방법을 알지 못함)

⑥ 학습행동이 부적절함(집중시간이 짧고 잘못된 학습 습관을 가
   지고 있음)

⑦ 학습 속도가 느림

정서 · 사회면의 특징

학습 부진아는 우울이나 불안 등 정서상의 문제를 수반하는 경우
가 많다. 사회적 기술을 익히지 못해 부정적인 자아상을 가지고 있
다. 주로 무관심, 태만, 무책임, 자신감 부족, 열등감을 보인다.

환경면의 특징

    아이에 대해 높은 기대를 가지고 있어 공부만 닦달하는 부모 밑에서 자란 아이들이 의외로 학습 부진을 보인다. 이처럼 지시적·강요적인 부모의 자녀교육 태도도 학습 부진의 원인이 될 수 있다. 또한 가정 내에서 사용되는 어휘가 일상적인 말일 뿐 관념적이고 심층적인 언어를 접할 기회가 부족한 것도 원인일 수 있다.

1등 아이 만드는 비결

학습 부진은 지능이 낮아서 공부를 못하는 학습 지진아와는 달리, 지능은 보통 이상인데 실제 학업성적이 나쁘고 실생활에서도 제대로 자신의 지적 능력을 발휘하지 못하는 경우이다. 대체로 아이의 불안정한 심리상태에서 생긴다고 볼 수 있기 때문에 적절한 치료를 받으면 좋아질 가능성이 크다.

24 학습 부진의 원인을 알아보는 심리 검사

　　상담소에서 학습 부진아를 치료하기 위해서는 우선 아이의 지능, 정서 상태를 알아보기 위한 심리검사를 실시한다. 또한 부모와의 인터뷰를 통해 아이의 발달력, 지금 가장 문제가 되는 점 등을 들어 보고 다음은 아이와의 상담을 통해 자신이 겪는 어려움을 들어본다. 그후에는 여러 가지 검사를 실시한다.

　　검사에는 크게 인지기능을 측정하는 검사와 심리상태를 알아보는 투사검사가 있다. 인지기능의 평가로는 개인용 지능검사인 '아동용 웩슬러 지능검사(KEDI-WISC)'를 사용한다. 이 지능검사는 우리가 지금까지 학교에서 받았던 지능검사와는 다른 검사이다. 학교에서 받았던 지능검사는 일명 간편 지능검사라고 하여 종이에 쓰는 집단용 지능검사이다. 실시하기가 간편해서 편리한 점도 있지만 지능검사의 결과로 얻을 수 있는 정보가 별로 없다.

예를 들어 IQ가 100이 나왔다면, 이것은 자신의 지능이 평균 정도라는 것만 알 수 있다. 그러나 개인용 지능검사인 KEDI-WISC는 전체 지능지수, 언어성 지능지수, 동작성 지능지수뿐만 아니라 11개의 소검사를 통해 영역별 인지기능의 상태를 알아볼 수 있다. 예를 들어 언어성과 동작성 지수의 차이, 주의 집중의 지속시간이나 주의 집중의 용량 문제, 또는 상식, 산수, 숫자 문제, 기호 쓰기 등 하위 영역의 수행 수준을 밝힐 수 있다.

또 하나의 학습평가로는 아이의 학습 수준이 정상과 비교하여 어느 정도 떨어지는가를 알아보거나, 소그룹 진단에 배치할 때 어느 정도 수준의 아동 집단에 속하는가를 결정하기 위해 실시하는 '기초 학습기능 검사'가 있다. 이 검사는 유치원 아동부터 초등학교 6학년까지를 대상으로 학년별·연령별 기준이 나와 있으므로 현재 아이의 학력 수준을 정상 아동과 비교해볼 수 있다. 이 검사는 정보처리 기능, 언어 기능, 수 기능의 세 가지 기능 아래 정보처리, 셈하기, 읽기 I (문자와 낱말의 재인), 읽기 II (독해력), 쓰기(철자의 재인)의 5개 영역의 소검사로 구성된다.

다음에 아이의 심리상태를 알아볼 수 있는 검사가 있는데, 상담소에서 주로 사용하는 검사는 투사검사이다. 투사검사란 그림을 보고 이야기를 꾸미게 한다거나 문장을 완성하게 해서 아이의 심리상태를 알아보는 것이다. 학습 부진아는 '공부 못하는 아이'로 살아오면서 겪은 심리적 상처가 크기 때문에 자아 존중감이 낮다. 이러한 정서상의 문제는 학습에 걸림돌이 되기 때문에 공부를 잘하기 위해서는 안정된 정서상태를 갖추어야 한다. 투사검사에 주로 사용되는 것을 소개하면 다음과 같다.

◆ TAT(주제통각 검사)

위와 같은 그림을 보고 이야기를 꾸며보게 하면 이야기 내용 안에 아이의 심리상태가 드러난다. 언젠가 우리집 두 아이에게 왼쪽 그림을 보고 이야기를 꾸며보라고 했다.

"이 아이가 무슨 생각을 하는 것 같니?"하면서 큰아이한테 물었다. 그 당시 큰아이는 바이올린을 2년 전부터 배우고 있었다. 아이가 말했다.

"이놈의 바이올린, 때려부수고 싶네, 바이올린 선생님은 왜 아프지도 않아, 선생님이 병원에 입원하시면 학원에 안 가도 되는데."

같은 방법으로 둘째아이에게 물어보았다.

아직 바이올린을 배우지 않은 둘째아이는 "이 바이올린은 어떻게 켜는 걸까 하고 생각하는 것 같아."라고 말했다.

이렇게 아이의 이야기 속에는 아이의 심리상태가 그대로 묻어난다. 오른 쪽 그림에 대한 얘기를 들어보면 지금 부모와의 관계가 어떻다는 것이 드러난다. 이외에도 열한 장의 그림을 보여주면서 아이에게 이야기를 꾸며보게 해서 심리상태를 파악하는 것이 투사검사의 특징이다.

◆ 로르샤 검사(잉크반점 검사)

투사검사의 일종으로 정신병원, 심리치료실 등에서 자주 사용하는 검사이다. 대상은 5세부터 성인까지 해당된다. 잉크를 한쪽에 떨어뜨리고 나서 양면을 접었다 펼치면 대칭인 그림이 나타나는데, 이러한 여러 가지 모양의 그림을 보고 이야기를 꾸미게 하는 것이다. 그림을 보고 생각나는 대로 이야기하게 하면 다양한 반응이 나타난다. 이를 통해서 아이의 심리상태를 파악하는 것이다.

◆ BGT 검사(도형 모사 검사)

9개의 간단한 도형을 보여주고, 한 장의 종이 위에 그대로 따라 그리게 하는 검사이다. 검사의 결과로 여러 가지 심리적 과정을 분석한다. 주로 지적 발달, 시지각 운동 협응능력의 발달, 주의 집중 능력, 기질적이거나 기능적인 대뇌 장애, 정서적 혼란의 유무, 성격 특성 등을 밝혀준다.

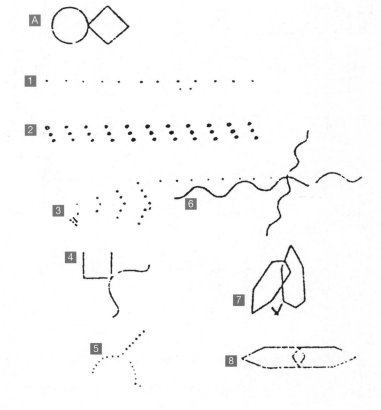

먼저 8개의 도형을 하나의 종이 위에 어떻게 배치시키는지 살펴
볼 수 있다. 다음에는 조그만 원으로 그리지 않고 막대로 그리는 경
우도 있다. 이럴 경우는 충동성이나 흥미, 주의력 결핍이 의심되며,
자신의 문제에만 몰두해서 남이 시키는 것을 꺼리는 것을 알 수 있
다(그림 1).

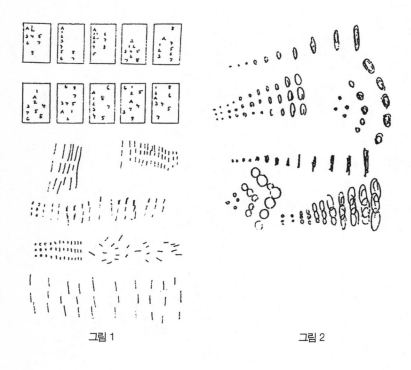

그림 1   그림 2

또는 원을 점점 크게 그리는 경우가 있는데, 이런 경우는 욕구 좌절
에 대한 인내심이 부족하며 폭발적인 성격일 가능성이 있다(그림 2).

또는 나란히 그리지 못하고 파도치듯이 그리는 경우, 협응과 인성의 불안정이 보이며 긴장된 정서적 태도를 가졌을 가능성이 있다(그림 3).

또는 그린 도형을 반복해서 다시 그리는 경우, 충동성과 불안이 감지된다. 이런 아동은 쉽게 포기하며, 완성하려는 노력보다 새로운 것을 찾는 경향이 있다(그림 4).

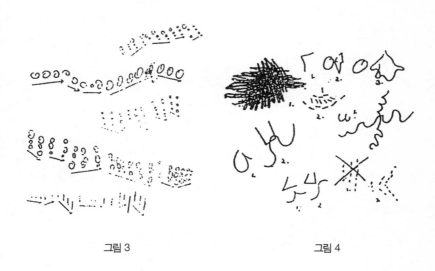

그림 3   그림 4

이밖에도 너무 크게 그린다거나, 너무 작게 그린다거나, 또는 흐리게 그려서 선이 약해 보이는 경우도 정서적 태도의 특성이다(그림 5, 그림 6, 그림 7).

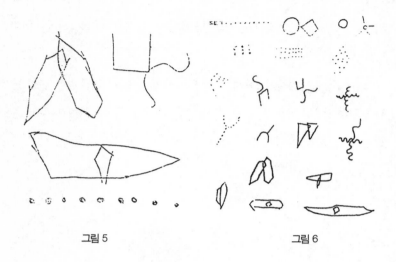

그림 5   그림 6

그림 7

◆ H. T. P. 검사(집 · 나무 · 사람 검사)

아이들이 가장 흔히 그리는 집, 나무, 사람을 그리게 함으로써 아이의 정서상태를 파악하는 검사이다. 아이가 그림을 그리면, 치료자는 그림에 관한 질문을 던져 거기에서 얻어진 여러 정보로 심리를 진단한다. 자기 자신에 대한 이미지, 성취 수준, 성적 발달 상태, 사회성 발달 등을 알 수 있다.

◆ KFD 검사(동작성 가족화 검사)

아이에게 가족 그림을 그리게 함으로써 가족간의 관계와 가족 내에서의 아동의 위치 등 가족 간의 역동성을 파악할 수 있다. 예를 들어 방을 두 개 그려놓고 방 하나에는 아동이 혼자 있고 다른 방에는 식구들이 모여 있는 그림을 그린다면, 이는 아동이 가족 내에서 소외당하고 있음을 말해준다. 또는 가족 구성원들간에 떨어져 있는 거리로 가족 관계를 파악할 수 있다. 예를 들어 엄마는 자기 옆에 그렸는데 아빠는 멀리 떨어져 있다면, 아빠와의 관계가 그렇게 좋지 않다는 것을 짐작할 수 있다.

집그림에서 중요하게 보는 것은 지붕, 집 몸체, 창문이나 문이다. 위 그림에서 특기할 점은 창문이 없다는 것이다. 대인기피증이 의심된다.

PSYCHOLOGICAL TESTING SHEET

House.

KANGNAM   Clinical Psychology

집그림에서 굴뚝의 연기모양은 가정 내에서의 갈등이나 압력을 나타낸다. 대체로 문제를 가지

고 있는 아동들이 일반 아동들에 비해 이러한 그림을 자주 그린다.

KANGNAM Clinical Psychology

나무그림에서 열매는 아동의 애정욕구나 관심욕구를 나타낸다. 어린 아동의 경우, 열매를 그리

는 것이 일반적이지만 나이가 들어서까지 열매를 그린다는 것은 이러한 욕구들이 충족되고 있

지 않다는 것을 말해준다.

PSYCHOLOGICAL TESTING SHEET

KANGNAM Clinical Psychology

어린 아동의 경우, 사람의 형태를 정확하게 표현해내지는 못하나, 나름대로 표현한 그림에서도

아이의 심리적 어려움을 파악할 수 있다.

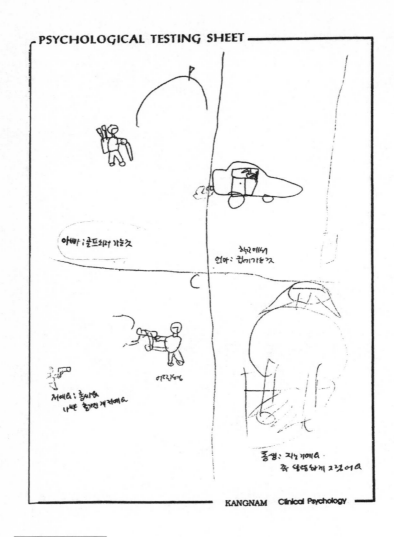

아빠 : 골프치러 가는것

학교에서
언마 : 걸기가는것

저에요 : 축시후
나뻐 흥꺼진게 저에요

어린이6

동생 : 지느기에요
꾹 닫닫하게 그렸어요

KANGNAM   Clinical Psychology

동작성 가족화에서는 가족간의 상호 작용, 활동내용, 가족 구성원의 위치, 가족 중 그리지 않은
사람은 누구인지를 파악하는 것이 중요하다. 이 아동의 그림은 가족간의 상호 작용이 전혀 없
이 단절된 것이 특징이다.

위 아동은 가족을 모두 그리라고 해도 끝까지 거부했다. 가족간에 유대가 없고 소외되고 있다

고 느끼는 아동들이 일반적으로 가족을 그리지 않는다.

◆ SCT 검사(문장 완성 검사)

　완성되지 않은 문장을 주면서 나머지를 완성시키게 하는 검사이다. 자아상, 가족에 대한 태도, 친구나 이성에 대한 태도, 두려움, 죄책감, 소원 등을 살펴볼 수 있다.
　문장 완성 검사의 예는 다음과 같다.

- 내가 가장 행복한 때는 _____
- 내가 좀더 어렸다면 _____
- 나는 친구가 _____
- 다른 사람들은 나를 _____
- 우리 엄마는 _____
- 우리 아빠는 _____
- 내가 가장 좋아하는 사람은 _____
- 내가 가장 싫어하는 사람은 _____
- 나의 좋은 점은 _____
- 나를 가장 슬프게 하는 것은 _____
- 선생님들은 _____
- 나는 커서 _____ 이(가) 되고 싶다.
- 왜냐하면 _____
- 내가 만일 외딴 곳에 혼자 살게 된다면, _____ 와 함께 살고 싶다.

이와 같은 투사검사는 정답이 따로 없다. 어떻게 답을 해도 괜찮기 때문에 아동들이 편하게 받을 수 있는 검사이다. 그러나 검사결과를 해석하는 것은 반드시 전문가를 통해서 이루어져야 한다. 제대로 알지 못하는 사람이 섣불리 단정을 내리는 경우, 그 부작용이 심각하기 때문이다. 바로 선무당이 사람 잡는 식이 되는 것이다.

1등 아이 만드는 비결

학습 부진아를 치료하기 위해서는 우선 아이의 지능, 정서 상태를 알아보기 위한 심리검사를 실시한다. 또한 부모와의 인터뷰를 통해 아이의 발달력, 지금 가장 문제가 되는 점 등을 들어 보고 다음은 아이와의 상담을 통해 자신이 겪는 어려움을 들어본다.

25 학습 부진은 고쳐질 수 있다

사례 1 **행동이 느리고 집중을 못하는 아이**

민수는 지금 초등학교 2학년에 다니는 남자아이다. 담임 선생님께서 상담을 권유하여 상담센터를 찾았다. 민수의 문제는 수업시간에 집중을 안 하고 멍하니 딴 생각을 하며 전반적으로 행동이 느리다는 것이다. 시험볼 때에도 몰라서가 아니라 집중을 못해 끝까지 읽지 않아 틀리는 경우가 많다.

또한 민수는 친구와 사귀지 못하고 혼자 놀기를 좋아하며 낯선 사람에게 다가가는 것을 무서워한다. 유치원 다닐 때는 선생님이 배려를 많이 해줘서 괜찮았는데 학교에 들어가서는 적응을 하지 못했다. 가족관계를 보면, 아버지는 내성적이며 엄마는 다소 강압적이고 야단을 많이 쳤다. 항상 행동이 느리기 때문에 엄마를 화나게 했다. 그래서 칭찬받을 기회는 별로 없었고 야단만 주로 맞았다. 4세 때

놀이방에서 지능검사를 했는데 결과는 아주 높게 나왔다. 지금도 학업 수행에는 별 문제를 보이지 않는다.

1. 검사태도

귀엽게 생긴 아동으로 검사에는 비교적 협조적이었다. BGT에서는 점수를 세다가 몇 개인지 다 모르겠다며 그냥 무작위로 그렸다. 반응속도가 상당히 느렸다. 특히 지능검사의 동작성 검사에서는 답답할 만큼 수행이 느려서 제한시간 내에 하지 못했고, 결국 시간을 초과해 '통과'하는 경우가 많았다.

그림의 수준은 나이에 비해 떨어졌으며 사람 그림에서는 비대칭적으로 그렸다. 사람을 그리라고 지시하자 처음에 스틱 피겨(stick figure:막대형의 그림)를 그렸고, 다시 사람처럼 그려보라고 지시하자 그때서야 그렸다. 여자 그림은 잘 못 그린다며 주저하다가 여러 번 격려하자 그렸다. 자극물을 자주 떨어뜨렸고 모르는 것은 금방 포기하는 등 다소 부주의한 모습을 보였다. 어려운 과제에서는 많이 통과하고, 쉬운 과제에서도 중간 중간 틀리는 등 들쭉날쭉한 반응을 보였다.

2. 검사결과

1) BGT : 기질상의 문제가 다소 의심되며 정서면에서도 충동적인 면이 보인다

2) KEDI-WISC로 측정한 아동의 현재 지능은 전체 지능지수는 102(언어성 지능지수 : 113, 동작성 지능지수 : 88)로 '보통 수준'에 속하며 잠재능력은 '보통 상 수준'으로 밝혀졌다.

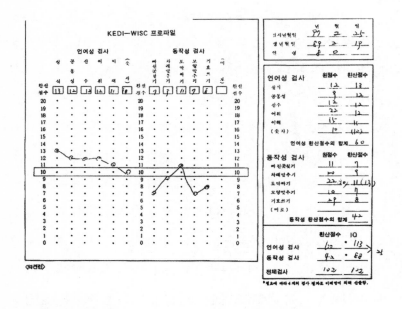

상식 13 공통성 12 산수 12 어휘 12 이해 11 숫자(10)
빠진 곳 7 차례 9 토막 11 모양 7 기호쓰기 8

동작성 지능이 언어성 지능에 비해 의미 있게 떨어진다는 점이 주목된다(동작성 점수-언어성 점수=-25), 이는 아동이 워낙 수행 속도가 느려 시간 제한이 있는 동작성 과제에서 통과하기도 하고, 시간 초과로 득점하지 못했기 때문인 것으로 보인다.

전반적으로 ①시각운동 기능의 협응과 속도(visual-motor coordination & speed)가 떨어진 것과 관련이 있다. 또한 동작성 과제가 적극적이고 능동적으로 에너지를 기울여서 해야 하는 과제인데, 아동의 성격상 쉽게 포기하고 대강대강 하는 등 ②대충 해버리는(easy going) 경향을 보인다. 한편 언어성 검사에서 고도로 조직화된 능력을 나타내, 교육이나 문화적 배경을 통해 습득된 지식과 경험 등 이론적인 지적 활동은 '보통 상' 수준으로 비교적 양호해 보인다. 이에 비해 ③ 일상생활에서 자신의 축적된 지식을 활용하는 것이나 즉각적인 상황에 적절하게 대처하는 능력은 낮을 것으로 생각된다.

일반상식, 어휘력, 산술능력을 비롯한 이미 획득된 지식(acquired knowledge)도 적절해 보인다. 언어적 이해력, 개념 형성 능력도 '보통 상' 수준이다. 관습이나 규범에 대한 인식은 양호한 편이나 자신이 직접 부딪치며 문제를 해결하는 것이나 사회적 상호작용을 통한 문제 해결력은 다소 떨어진다.

주의 집중의 어려움이 보이지는 않으나 오랜 기간 주의를 기울이면서 과제를 수행하는 데에는 다소 어려움이 있어 보인다. 시각적 주의력과 기억력, 세심한 관찰능력은 많이 떨어지고, 환경에 대한 기민성 역시 떨어진 것으로 나타났다.

시각적 자극을 분석·통합하는 능력, 지각 구성 능력, 조직화 능력을 비롯한 전반적인 동작성 지능은 '보통 하' 수준으로 나타났다. 즉 전반적으로 동시적이고 전체적이며 통합하는 과제에서 수행이 떨어진다.

3) 사고 면에서는 구체적인 것에 대한 사고는 잘하나, 추리나 상상, 고차원적 개념화 능력은 부족한 편이다. 자극이 들어 있는 곳을 의미 있게 조직·통합하는 능력은 나이에 비해 떨어지며 정교화 능력 역시 다소 부족하다. 심사숙고하거나 문제해결 방법을 먼저 생각하고 나서 풀려는 모습이 보이지 않아 즉각적이고 충동적인 면이 드러난다.

두드러지게 나타나는 점은 정보처리 전략을 이용해서 자신이 접하는 정보를 분류하거나 하는 등의 과정을 거치지 않고 곧바로 처리한다는 점이다. 이로 보아 아동이 환경과 접촉할 때 지나치게 단순하고 보수적·경계적으로 접근하며 자극의 복잡성은 되도록 피하는 등 회피나 단순화 조작을 할 가능성이 높아 보인다.

예컨대 로르샤 검사에서 자극영역의 복잡성을 무시한 반응을 보인다. 성취 지향적인 태도나 포부 수준이 높아 보이지 않으며 인지적인 자발성은 조금 부족한 것 같다. 자극을 다룰 만큼 심적 자원은 충분히 있어 보이나 이를 즉시 활용하지는 못해 이로 인한 스트레스를 받을 때에는 충동적인 대처를 하기가 쉬울 것으로 보인다.

4) 정서 면에서 볼 때, 정서 표현이 서툴고 다소 둔감한 것 같다. 주변에서 요구하는 것에 대해 기민하게 반응하지 못하는 것 같고 다소 무감각해 보인다. 걱정이 없는 듯하고 경쟁심이나 상승 욕구가 강하지 않아 노력을 별로 하지 않으며, 즐거운 일만 하려는 경향을 보인다. 환경에 대한 단순하고 쉽게 접근하는 것 같고, 자신의 역할 수행에 대한 책임감과 적극성이 부족해 보이는 등 전반적으로 대충 해버리는 경향이 있다.

성격적으로 순박하고 맺힌 데가 없으며, 느리고 태평스러워 행동 전반에 걸쳐 느린 수행을 보인다. 엄마가 이러한 점을 답답하게 느끼기 때문에 자꾸만 아동을 다그치는 것 같다. 아이가 워낙 스트레스에 민감하게 반응하지 않는 형이라 이러한 엄마의 압력에 과민하게 반응하지는 않을 듯하다. 그러나 빨리 해내지 못한다는 잔소리를 계속 장기간 들으면, 전반적인 열등감이나 부정적인 자기 지각을 형성할 수도 있다.

예컨대 SCT에서 "나를 가장 화나게 하는 것은 엄마다. 그 이유는 나를 화나게 하기 때문이다"라는 반응을 보였다. 그리고 "나는 빨리 하느라고 하는데 엄마는 빨리 안한다고 한다"고 덧붙였다. 아동이 워낙 선천적으로 행동이 느리지만, 시간 개념이나 자기 조절 능력이 부족해 비구조적인 상황에서 더 느리고 구조화하는 데 시간이 걸리는 것 같다.

이상에서 볼 때, 엄마를 비롯해 주위 사람들은 아이가 느리다는 것을 인정하고, 아이가 제 시간 안에 해내지 못할 때나 시간이 오래 걸려 수행했을 때 야단치는 것을 자제해야 한다. 아이가 느린 것은 게으름을 피워서가 아니라 빨리빨리 할 수 있는 능력이 부족하기 때문이다. 그러므로 아이가 어떤 과제를 시작할 때, 사전에 아이와 협의하여 제한시간(limit:언제까지 할 수 있나)을 정해준다거나 중간 중간에 점검·확인해주는 것이 더 효과적일 것이다.

아직은 자기 조절이 잘 안 되기 때문에 스스로 할 수 있는 훈련이 될 때까지는 엄마가 아이를 다그치는 것을 자제해야 한다. 이러한 엄마의 압력이 아이에게는 스트레스로 작용해 엄마에 대해 다소 분노감을 가지고 있는 것으로도 보이기 때문이다. TAT의 내용을 보면, "엄마가 책을 읽어주는데 듣기 싫어서 듣지 않았더니 결국 나중에는 매만 맞고 12시간 손들고 있었다" 등의 연상을 하였다.

사례 2 집중을 못하고 쓰기와 읽기에 어려움을 겪는 아이

준호는 현재 초등학교 3학년에 다니는 남자아이다. 준호의 초기 발달은 정상적으로 이루어졌다. 준호가 아기 때부터 아빠가 외도를 하여 부부간의 신뢰가 깨지고 지금도 정이 별로 없다고 한다. 이런 상황에서 준호는 6세까지 천식이 심해 거의 매일 병원에 다니거나 입원해 지내는 경우가 많았다. 또한 엄마는 진드기균이나 곰팡이 등 청결문제에 신경쓰느라 아이와 놀아주거나 공부를 가르쳐줄 기회가 전혀 없었다.

준호는 한글을 전혀 모르고 입학했다. 엄마는 입학하면 자연스럽게 한글을 깨우치려니 하는 막연한 생각을 갖고 있어 입학 전 학습 경험도 별로 제공하지 않았다고 한다. 유치원 다닐 때는 천식으로 주중의 반은 결석을 했다. 유치원 선생님이 이름 쓰기를 반복해서 가르쳐도 좌우를 바꾼다고 걱정했다고 한다. 지금도 읽기·쓰기가 안 되며 초등학교 2학년 때는 선생님이 "공부도 못하면서 기는 살았다"며 야단을 많이 쳤다. 또한 시험지도 뺏기는 등 스트레스를 많이 받았고 1년 내내 청소를 하기도 하였다. 준호는 자신이 공부를 못하는 것을 깨닫고 학교가 끝나면 개울가에 가서 돌을 던지며 자주 울었다고 한다.

실시한 검사 종류

BGT, HTP, KFD, SCT, KEDI-WISC, 로르샤, TAT

1. 검사태도

반응시간은 대체로 빠른 편이었지만 BGT의 도형 모사는 어려워했고 많은 시간이 걸렸다. 그림의 질이 나이에 비해 매우 떨어졌고, 그릴 때 지우개를 자주 사용했다. 가족화에서는 사람 그리는 것이

어렵다며 모두 스틱 피겨(막대형 그림)를 그렸다. 검사 수행 도중에
도 딴 데 쳐다보고 얘기하며 멈칫거릴 때가 많았고 다소 산만한 모
습을 보였다.

장난감에 많은 관심을 보였고 놀 생각만 했다. 휴식시간에 밖에
나가 엄마를 찾았다. 엄마가 잠깐 나가고 없자 검사실 안에 들어와
서 검사를 받으면서도 계속 엄마를 찾으며 "내가 엄마한테 잘못해서
엄마가 도망갔다"는 말을 하기도 했다. 검사가 끝나고 나갔을 때 엄
마가 안 보이자 울먹이기도 했다. 문장 완성 검사는 끝까지 안하려
고 고집을 부렸고 철자 오류를 매우 많이 보였다.

2. 검사결과

1) BGT : 선의 질이 매우 떨어져 있다. 도형을 회전시켜 그리며,
각이 진 것과 둥글리는 것을 그리는 데 어려움(angulation & curvature
difficulty)을 보인 것을 볼 때, 뇌 기능상의 문제가 의심된다.

2) KEDI-WISC로 측정한 아동의 현재 지능은 전체 지능지수가
96(언어성 지능지수:95, 동작성 지능지수: 97)으로 '보통 수준, 하위 수
준'에 속하며 잠재능력은 지능지수=100~105 정도의 '보통 수준'
으로 보인다.

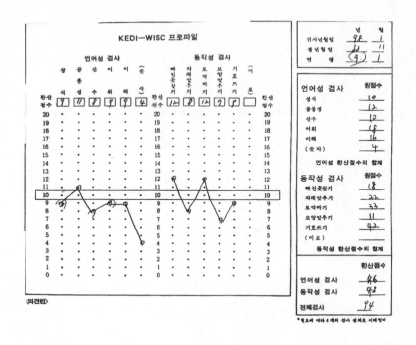

KEDI—WISC 프로파일

상식 9 공통점 11 산수 8 어휘 9 이해 9 숫자 ⑷
빠진 곳 12 차례 8 토막 12 모양 7 기호 쓰기 9

　　인지기능간의 기복이 심한 편이다. 주의력과 집중력에 관련된 소
검사에서 공통적으로 떨어진 점이 주목된다. 특히 주의폭(attention
span)이 매우 짧고 청각적 단기 기억력이 매우 낮은 점으로 볼 때
청각적 처리상의 문제가 의심된다. 지속적인 인지과정을 위한 정보
의 부호화가 어려운 학습 장애(읽기 장애)의 가능성을 보여준다. 또
한 계열적인 과제에서의 주의 집중력과 지속적으로 주의를 기울이

며 과제를 수행해야 하는 것에서도 어려움이 있다. 이에 비해 시각적인 주의력과 단기 기억력은 양호한 편이다(BGT에서의 도형 회상은 양호).

상식, 산술능력, 어휘력 등 학습이나 반복 훈련을 통해 습득된 지식은 나이에 비해 낮은 것으로 볼 때, 학습장면의 수행이 떨어졌음을 보여준다. 특히 산수영역에서 문장으로 제시된 것을 더 어려워했고 기계적인 곱셈도 잘 안 되었다.

어휘력과 언어적 이해력이 심하게 떨어지지는 않고, 일상 수준의 의사소통에는 문제가 없지만 SCT상의 많은 철자 오류나 산수문제에서 읽기의 어려움을 보인 것 등은 나이를 고려해볼 때 특정 영역(산수, 읽기, 쓰기 등의 학습장애 : 좌뇌 기능이 뒤떨어짐)에서의 학습장애가 보인다.

일상생활에서 규범이나 관습에 따라 문제를 해결하는 능력, 사회적 상황을 파악하고 적절하게 대처하는 능력, 사회적 유능감을 요하는 대인관계에서의 문제해결력 등이 '보통 하' 수준으로 떨어져 일상생활에서 미성숙하게 대처할 것으로 보인다.

지각 구성 능력, 조직 통합 능력, 시각-운동 협응능력을 재는 소검사에서 일치된 수행을 하지 않는 점이 특징적이다. 예컨대 추상적이고 중성적인 자극을 가지고 수행하는 '토막짜기'에서는 양호한 수행을 하는 데 반해 의미자극을 다루는 '모양 맞추기'에서는 훨씬 낮은 수행을 하는 것으로 볼 때, 자신이 직접 부딪치고 해결하는 문제해결 능력, 개방적인 과제를 다루는 능력, 자발적인 의지는 부족한 것으로 보인다.

  3) 사고 면에서는 단순하고 구체적이며 유치하다. 자극장의 전체를 바라보는 것이나 인지적 책략을 이용해서 과제에 접근하는 것이 다소 어렵고, 자극의 복잡성을 되도록 피하려고 하며, 환경에 대해 지나치게 단순하고 경제적으로 접근하는 것 같다. 요구되는 이상의 노력으로 과제를 다루려는 인지적 자발성은 떨어지며 지적인 성취에 대한 추구, 포부 수준도 높아 보이지 않는다.

  예컨대 로르샤에서 양적인 반응은 많이 나오나 미성숙한 동물적 반응만을 주로 보인다. 대부분 부분 반응만을 하며, 인간운동 반응은 전혀 나오지 않는다. 또한 고차적인 개념화나 지연기술 즉, 생각하고 나서 반응하는 기술을 사용하는 것이 어렵고 부과되는 요구에 대해 쓸 수 있는 자원이 다소 한정되어 있어 자극에 압도당하기 쉽다. 따라서 보다 많은 요구에 둘러싸이거나 새로운 요구가 있을 때 행동이 부적절하거나 혼란스러워할 것 같다. 일상생활에서는 주로 충동적인 양상과 더불어 미성숙한 대처를 할 것 같다.

  4) 정서 면에서는 나이에 비해 매우 미성숙하고 유치한 면이 두드러진다. 자극에 대한 지각이 예민하지 않고 다소 둔감한 편이나, 그동안 지속적인 학습의 실패로 학업과 관련된 영역에서는 스트레스

를 많이 받는 것 같고 학습에 대한 공포나 혐오감도 있어 보인다. 예컨대 TAT에서 "바이올린을 하다가 실수로 망쳐서 선생님한테 되게 혼나고 매 맞았다"라고 연상했다.

HTP에서 여자 그림에 기분이 나쁠 때는 "실수하고 못해서 사람들이 놀릴 때"라고 반응했다.

SCT에서는 "다른 사람들은 나를 싫어한다" "아이들 대부분은 나를 놀린다" "내가 가장 무서워하는 것은 혼났던 일" "나는 공부를 못한다" 등의 반응을 보였다. 이처럼 학업과 관련해서 열등감이 많은 것 같고 자기 지각이 부정적인 듯하다.

그러나 워낙 상처를 쉽게 받는 편이 아니고 주변의 요구나 동기에 다소 무감각하여, 그동안 지속적인 학업의 실패로 주변(교사와 부모, 특히 엄마)에서 많은 스트레스를 받고 좌절 경험을 해왔던 것으로 보이는 것에 비해 정서적인 위축과 자아 손상감 같은 근본적인 정서상의 문제가 심하지는 않은 것 같다. 그보다는 학습에 대한 혐오감과 다소의 공포감을 더 크게 느끼는 것 같다(학습과정을 통해 스트레스를 받고 그 스트레스가 누적되기보다는 무조건 회피하고 거부하는 반응을 주로 보일 것 같음).

그동안 엄마에 대한 내재된 분노가 있어 보인다(집 그림에서 친구랑 자신만 사는 집을 그리면서 "어른이 없으니까 편하잖아요"라고 연상하고, TAT에서는 "아들이 엄마에게 욕을 한다" "전쟁에서 엄마들은 다 죽고 고아로 혼자 살아간다" 등의 반응을 보임)

한편 TAT에서 "아들이 하도 꼴보기 싫어서 엄마가 도망갔다" "엄마 어디 있어요 하고 찾는다"는 연상이 반복해서 나오는 것으로 보아 아동이 생각하기에 엄마가 자신을 불만족스러워한다고 느끼는 것 같다. 그리고 엄마의 요구에 맞춰줄 수 없는 자신이 엄마에게 거절당할 것 같은 두려움이 있는 듯하다.

또래와 대인관계에서는 친애 욕구는 많지만 그동안 또래 경험이 부족했다. 사회적 기술(social skill)을 습득할 기회가 별로 없어 상황에 적절한 대처를 잘하지 못하는 것 같다.

이상에서 볼 때 준호는 지적 능력에 제한은 없지만 학습영역(읽기장애)에서 문제가 보인다. 정서면은 주변에서 부정적인 피드백을 주로 받아와 자존심이 낮고 자아상이 부정적으로 드러난다. 현재 학교 가기를 싫어하고 개울가에 가서 돌을 던지면서 죽고 싶다는 생각도 하는 등 자아 손상감, 좌절감이 큰 것으로 보인다.

또한 초등학교 입학 전까지 건강상의 이유로 엄마가 과잉보호를 해서 사회적 경험이 부족하고 적절한 사회적 기술을 습득할 기회가 없어 원만한 또래 관계를 맺고 유지하는 것이 어렵고, 나이에 비해 매우 미성숙하다. 학습의 어려움뿐만 아니라 사회적 관계에서의 부적응(또래들에게 따돌림당함)도 자신감 결여, 낮은 자존감 등을 갖게 하는 데 일조한 것 같다.

이와 같이 학습장애를 가진 아동들은 흔히 정서 · 행동상의 문제를 함께 갖기도 한다. 아동의 학습장애(읽기 장애)는 건강으로 인한 자극이나 경험의 부족이 큰 요인이 된 것 같다. 하지만 유치원 학습 입학 후 3년 동안의 짧지 않은 기간에서 아직도 한글 읽기, 쓰기 등 기본적인 인지적 습득이 어려운 것은 단순한 경험의 부족이 원인은 아니며 학습능력의 기능적 손상이 더 우선적인 것 같다(BGT 수행, SCT 철자 오류, 검사 수행시 읽기의 어려움, 지능검사의 청각적 처리 문제 등이 이를 뒷받침함).

학습장애를 가진 아동들이 흔히 갖는 학습에 대한 혐오감, 두려움으로 인한 학습회피와 무기력감을 동반한 동기 결여가 보인다. 성공적으로 마친 과제도 부정적으로 인식하며, 실패는 자신의 노력 부족 때문이 아니라 낮은 능력 때문이라고 생각하는 등 과제의 성공과 실패가 자신이 통제할 수 있는 영역밖에 있다는 인식은 학업 실패의 악순환을 가져온다.

따라서 체계적인 학습에 대한 치료적 개입과 더불어 주변에서(주로 부모나 교사) 아동의 작은 수행에도 칭찬과 격려 같은 긍정적인 피드백을 주는 등 보다 긍정적인 상호 작용을 통해 부모-아동, 아동-교사와의 관계를 호전시키는 데 역점을 두어야 한다. 즉 아동이 글씨를 엉망으로 쓰고, 쓰는 것 자체를 싫어하는 것 등이 아동이 게으르거나 엄마나 교사에 대한 반항의 표시가 아니라, 특정 영역에서의 장애임을 깨닫는 것만으로도 치료적 효과를 본다.

산만하고 충동적인 아이

경호는 지금 초등학교 2학년에 다니는 남자아이다. 어릴 때는 빠르고 똑똑하다는 말을 들었으나 상황 판단이 안 되어 타인의 감정을 읽어내는 것이 어려웠다. 4세 때는 산만함 때문에 신경정신과를 다니면서 약물치료를 받았다. 집에서는 별로 산만하지 않아 걱정을 안 했으나 학교에 들어가서부터 문제를 보였다. 1학년 때에는 수업 시간에 못하는 것이 있으면 책상 밑에 들어가기도 하고, 손을 들고 엉뚱한 말을 하여 수업에 방해를 주었다. 2학년이 되어서는 좀더 심해져서 수업시간에도 제자리에 가만히 앉아 있지를 못했다. 조금 긴 시간 동안 해야 하는 과제는 무척 힘들어하며 글씨 쓰기도 아주 싫어한다. 그러나 매사 적극적이라 발표력도 좋고 타인에게 인정받으려는 욕구도 강하다. 가족관계는 엄마와의 면담 결과 별 문제가 없는 것 같다.

실시한 검사 종류

BGT, HTB, KFD, SCT, KEDI-WISC, Rorschach, TAT

---

1. 검사태도

검사때 조금만 쉬우면 "너무 쉽다", 조금만 어려우면 "너무 어렵다"고 말하는 등 반응이 매우 즉각적이고 반응시간도 빠른 편이었다. 혼잣말이 많았고 묻지도 않은 말을 하는가 하면 사소한 질문도 많았다.

그림을 그릴 때는 한 개를 그리고 나서 일어섰다, 앉았다 하며 한 자리에 오래 앉아 있는 것이 어려워 보였고, 앉아서는 의자를 계속해서 돌리는 등 부산하며 주의가 산만한 모습을 보였다. 사람 그림에서는 전부 옆 모습을 그렸고 그림은 용지에 꽉 차게 크게 그렸다. 집 그림에서는 연기 나는 굴뚝을 그렸고 전반적으로 그림의 선이 다소 불안정했다. 가끔씩 참지 못하고 힘들어하기는 했지만 검사에는 비교적 협조적이었으며 자기 표현을 잘하는 편이었다.

2. 검사결과

1) BGT : 선과 점의 질이 떨어지며 거꾸로 그리거나 굽은 선을 그리는 것을 어려워하는 것으로 볼 때, 미세 뇌 기능 장애를 의심할 수 있다.

2) KEDI-WISC로 측정한 아동의 지금 지능은 전체 지능지수가 102(언어성 지능지수 : 111, 동작성 지능지수 : 91)로 '보통 수준'에 속하며 잠재 능력은 지능지수 110~120 사이의 '보통 상 수준'으로 보인다.

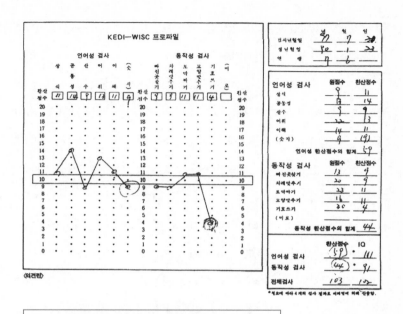

상식 11 공통점 14 산수 9 어휘 13 이해 11 숫자 (9)
빠진 곳 9 차례 9 토막 11 모양 11 기호 쓰기 4

제반 인지기능간의 불균형이 매우 심하다. 특히 동작성 지능이 언어성 지능에 비해 의미 있게 떨어진다(언어성 지능지수-동작성 지능지수=+20), 동작성 지능이 두드러지게 떨어진 점을 고려해볼 때, 현재 측정된 지능에 비해 일상생활에서의 즉각적인 상황 대처 능력이 축적된 지식의 활용이나 응용면에서는 더 떨어질 것으로 보인다. 실제 적응하고 기능하는 면에서는 현재 나타난 지능 수준이나 나이에 비해 못 미칠 듯하다. 이에 비해 어휘력, 개념형성 능력 등은 연령에 비해 풍부한(표현력과 일반화, 추상화를 통한 개념 작용 둘 다 우수함)편이며 언어적 능력은 비교적 양호하다.

주의력, 집중력을 재는 소검사(산수:9, 숫자:9, 기호 쓰기:4)에서 공통적으로 떨어진 점이 두드러진다. 청각·시각적 주의력이 떨어지며 주의 집중 용량이 작다. 특히 계열적으로 처리해야 하는 과제나 오랜 기간 지속적으로 주의를 집중하면서 수행해야 하는 과제에서는 주의 집중의 어려움이 보인다. 특히 '기호 쓰기'의 점수가 4점으로 매우 낮은 수행을 보이는데, 이는 지속적인 주의 집중(sustained attention)의 어려움을 보이는 한편, 기계적인 모방능력이나 동조능력의 부족을 보여준다. 이러한 현상은 동조능력 위주인 우리의 교육환경 속에서 어려움을 많이 겪게 할 듯하며 아이의 학업 수행에 지장을 가져올 듯하다. 또한 BGT 수행을 함께 고려해 볼 때 미세 뇌 기능 장애의 가능성을 의심할 수 있다.

문제해결 능력에서는 보통 수준의 지적 능력을 갖고 있어 언어적·피상적 수준에서 관습이나 규범에 대한 인식이 어느 만큼은 이루어지나, 사회적 장면에서 자신이 직접 부딪치면서 상호 작용하며 해결하는 능력(social judgement)은 나이와 지적 수준에 비해 떨어진다. 분석·통합하는 능력, 지각 구성 능력, 시각-운동 협응능력은 보통 수준이다.

3) 사고면에서는 사고활동이 비교적 풍부하고 유연하며 이용 가

능한 내적 자원은 많아 보이나, 자신의 잠재된 자원을 효율적으로 사용하는 것에는 다소 제한되어 있다. 즉 인지방식이 충동적이어서 심사숙고하고 계획하는 능력은 부족해 보인다. 깊이 생각하지 않고 곧바로 결정이나 행동을 주도할 가능성이 크다. 따라서 계획한 만큼의 결과를 얻기가 어려울 것으로 보인다.

예컨대 로르샤 검사에서 능동적인 운동반응이 활발히 나오며 자극장을 전체로서 조직 통합하려는 노력은 다소 부족해 보인다. 욕구 충족을 지연시키는 능력이나 스트레스에 대한 내성이 부족하며 주로 몸을 움직이는 회피반응을 통해 에너지를 발산하는 것 같다. 스트레스나 압력(주로 행동통제가 가해지면)이 주어지면 즉각적, 충동적으로 대처할 가능성이 크다.

4) 정서면에서는 즉각적, 충동적인 면이 보인다. 또한 정서적으로 약간 둔하여 섬세한 정서를 표현하는 것이나 상대방의 감정을 배려하고 공감하는 등의 정서개발이 다소 부진해 보인다. 충동 억제력이 약하며 에너지 발산을 끊임없이 하는 것 같다. 일의 결과를 예측하지 않고 먼저 행동하는 경향이 강하다.

활동 지향적이고 자유로움을 선호하는 것 같고 신체적인 참여와 체험을 선호하여 지속적인 규칙 준수의 강조와 이론 설명 학습에는 쉽게 흥미를 잃는다. 두 가지 일을 동시에 벌이는 경향이 있으며 한 가지 일이 끝나기도 전에 또 다른 것에 쉽게 옮겨가는 등 계획한 만큼 결과를 얻지 못하는 것 같다.

시간에 대한 구조적인 인식이 부족하고 심리적인 시간 개념이 길어서 계획대로 하기보다는 미루었다가 한꺼번에 한다. 이에 대한 스트레스를 별로 받지 않는 것 같고 숙제를 두고도 노는 데 몰입하는 경향이 있다. 인내력과 참을성이 부족하여 당장의 흥미와 즐거움이 우선시 되는 것 같다. 이와 같은 아동의 특성 때문에 구조적인 계획대로 따라주기를 바라는 우리의 교육환경 속에서 아동의 방식을 허용하지 못해 그동안 주로 부정적인 피드백을 받아온 것 같다.

그러나 아동이 워낙 성격적으로 낙천적이며 단순하고 매사에 걱정을 하지 않으며, 주변환경에 대해서는 비교적 긍정적이고 우호적인 편이라 자신이 받은 부정적인 피드백에 비해 심리적인 상처는 덜 받는 것 같다.

부모-자녀 관계면에서는 부정적인 피드백을 많이 받아왔던 것에 비해 부모에 대한 감정은 비교적 긍정적인 편이다. 그러나 간혹 KFD 연상에서 "엄마가 미울 때는 때릴 때, 맨날 때려"라고 하고, SCT에서 "우리 아빠는 무섭다"고 반응하듯이 상황적으로는 부정적인 감정을 느낄 것 같다. 이와 더불어 자아상이 그다지 부정적이지 않으나 자신의 외모가 못생겼다고 생각하는 등 자신의 신체상에 대해서는 부정적이다.

또래 관계에서 다른 사람에 대한 관심이나 친애 욕구는 있어 보이나 타인의 욕구에 민감하면서 배려하고 공감하는 능력은 다소 부족하다. 섬세한 정서 개발은 덜 된 것 같고 사회적 상황의 민감성이 떨어져 상황에 적절하게 대처하지 못해 놀림을 당하는 등 또래 관계에서 다소의 어려움이 있어 보인다. 그러나 아동이 이러한 자신의 대처양식에 대한 통찰을 하지 못할 때 주변에서 부정적인 피드백만을 주는 것보다는 아동이 통찰력을 가질 수 있고 상황에 대한 인식능력을 기를 수 있는 정확한 피드백을 주는 것이 필요하다(그룹활동을 통한 사회적 기술 훈련, 감정표현 훈련, 역할 놀이 등).

이상에서 볼 때 경호는 ADHD(주의력 결핍 과잉 행동증)적인 행동 특성이 나타난다. 이로 인해 주변에서 꾸지람을 많이 받아온 것 같다. 그러나 아직까지는 부모와의 관계면에서는 그다지 부정적인 느낌을 갖고 있지는 않다. 그러나 경호의 행동패턴이 장기화되면서 지속적으로 부정적인 메시지를 받을 경우, 자아 손상감을 경험할 수도 있다. 따라서 좀더 부모-자녀 관계면에 치중하는 것이 필요하다. 부모 입장에서는 아동의 ADHD적 행동을 수용하기 힘들겠지만 기질적인 면이 많아 보이므로(미세 뇌 기능 장애의 성향도 완전히 배제되지 않음) 좀더 수용해주는 것이 필요하다.

다행히 자신의 역할이나 책임 등을 수행하는 것에는 별 어려움이 없으므로 아동의 학습방식을 허용해주는 분위기에서 점차 구조적인 틀을 마련해주는 것이 좋다. 또한 사회적 장면에서의 사회적 기술 훈련, 감수성 훈련이 필요하다.

능력에 비해 성적이 부진한 아이

미연이는 지금 중학교 2학년에 다니는 여학생이다. 고등학교 입학을 앞두고 성적이 부진해 걱정이 되어 상담소를 찾았다. 초등학교 때까지는 그런대로 성적이 괜찮았는데 중학교에 올라가면서 성적이 떨어졌다고 한다. 엄마의 말에 따르면, 지금은 학습 의욕을 보이지 않으며 표정이 항상 어두워 이유를 물으면 아무렇지도 않다고 대답한다고 한다. 특히 미연이는 언니가 자기보다 공부를 잘하는 것에 대해 신경쓰는 것 같다고 한다.

실시한 검사 종류

KEDI-WISC, BGT, 로르샤, TAT, HTP, KFD, SCT, MMPI

1. 검사태도

미연이는 검사에서의 반응시간이 매우 느린 점이 두드러졌다 종합적인 심리검사를 수행하는 데 걸리는 시간은 개인마다 차이가 있다. SCT, MMPI 같은 자기 보고 검사를 제외한 나머지 검사를 수행하는 데 보통 3~4시간이면 충분하다. 그러나 미연이는 8시간 이상 걸렸다. 그래서 이틀에 걸쳐 검사를 받았다.

2. 검사결과

1) BGT : 뇌 기능상의 문제가 보이지는 않으나 가는 선으로 그리고 있는 점, 긴 수행시간(30분) 등 정서적으로 위축되어 있고 자신감이 없는 듯한 반응을 보였다. 일반 아동이 보통 5~6분이면 수행하는 것을 미연이는 약 6배의 시간을 들여 그렸다.

2) KEDI-WISC : 미연이의 현재 지능은 전체 지능지수는 134(언어성 지능지수:128, 동작성 지능지수:135)로 '최우수 수준'에 속한다. 지능지수 130 이상 '최우수 수준'의 지능은 인구비율로 봤을 때 3퍼센트 안에 든다. 그만큼 미연이의 지능은 우수하다.

각 소검사간에 기복 없이 제반 인지영역에서 최우수 수준의 수행을 보였다. 어휘력, 개념 형성 능력, 언어적 이해력을 비롯한 제반 언어적 능력이 우수하다. 또한 지각 구성 능력, 조직 통합 능력, 시각 운동 협응능력 등 비언어적인 기능도 최우수 수준이다. 일반상식, 산술능력, 어휘력 등 학습이나 문화적 배경을 통해 습득된 영역에서도 우수한 것으로 볼 때, 학업에 필요한 기술을 적절하게 가졌다고 볼 수 있다. 관습에 따라 문제를 해결하는 능력, 사회적 상황에 대한 인식, 대인관계에서의 문제해결 능력 등도 우수하다. 주의집중 능력도 양호하다.

심리검사 전반에서 수행시간이 매우 느렸는데 지능검사에서는 비교적 빠른 시간 내에 문제를 해결하고 있는 점이 주목된다. 이는 지능검사가 구조화된 검사이고 많이 다루어봤던 비교적 익숙한 유형인 데 반해, 그림 검사 등의 투사적 검사들은 친숙하지 않은 상황의 문제들이라는 점에서 볼 때, 위축되고 자신감 없는 학생으로서 판단 처리하는 데 시간이 오래 걸리고 자신의 잠재력을 발휘하는 데 어려움이 있다고 볼 수 있다.

3) HTP, KFD : 우선 반응시간이 매우 오래 걸렸다. 전반적으로 선의 강도가 약하고 스케치식으로 잦은 덧칠(shading이 많음)을 하고 있다는 것이 특징이다. 이러한 특징은 정서적으로 불안정하고 우울하며, 자신감이 없고 부적절감을 느껴 위축되어 있음을 보여준다. 가족화에서는 엄마와 남동생은 비교적 짙은 선으로 그렸는데 다른 가족들은 약한 선으로 그렸다. 또한 그림에서 나타난 가족 간의 거리를 보면, 엄마와 남동생은 아주 밀착되어 있고, 미연이와 다른 가족들과는 많이 떨어져 있다(특히 언니와는 많이 떨어져 있음).
그러나 엄마와는 비교적 가까운 위치에 자기를 그렸다. 즉 미연이는 언니와는 경쟁적 관계이고, 부모에게 남동생보다 자신이 덜 관심을 받는다고 생각하는 것 같다.

4) 로르샤, TAT: 무의식적 갈등이나 성격의 역동적 측면, 정서 영역 등을 파악할 수 있는 투사적 검사에서 보인 반응은 우선 반응 내용이 매우 빈약하다. 미연이가 최우수 수준의 지능지수를 보유하

고 있지만 지적 능력에 따른 상상력이나 창의적인 연상은 별로 나오지 않았다. 이는 미연이가 자신의 잠재력을 충분히 발휘하여 친숙하지 못한 비구조화된 상황에서 직면하는 문제를 해결하는 데 어려움이 있음을 보여준다. 또한 사고나 정서 영역에서 위축되어 있음을 나타낸다.

예를 들어 로르샤 검사에서 전체 반응수가 13개로 매우 적고 반응 내용에서도 다양성이 부족하며 누구나 흔히 볼 수 있는 평범한 반응을 주로 보인다. 이는 인지적 조작이 단순하며 인지적 자발성과 포부 수준이 낮음을 보여준다. TAT에서는 "바이올린이 부서져서 치지 못한다" "잘하고 싶어 열심히 하는데 잘 안된다"등과 같은 내용을 주로 보인다. 좌절이나 실패에 대한 두려움, 인정받고 싶어하는 갈망 등을 드러내고 있다.

이상에서 볼 때, 미연이는 높은 지능지수를 갖고 있음에도 불구하고 학교 성적이 매우 부진하다(반 석차 30~40등). 진단적으로 볼 때 학습 부진이라고 할 수 있다. 지능지수와 학업과의 상관이 그리 높지는 않지만 미연이의 경우는 높은 지능에 비해 학습이 심각하게 떨어진다고 볼 수 있다.

학습 부진의 경우, 개인마다 다른 여러 이유가 있지만 미연이 경우는 크게 두 가지 측면에서 원인을 찾을 수 있다. 먼저 전반에서 반응시간이 매우 느렸다. 특히 비구조화…

문제를 해결하는 데 오랜 시간이 걸리는 것으로 볼 때, 이미 알고 있는 지식은 많으나 이것을 새로운 정보와 연결하여 학습활동을 촉진하는 것이 어려워 자신의 잠재력을 능동적 · 전략적으로 사용하지 못한다.

자신의 학습과 인지과정을 아는 것과 자신의 학습을 향상시키기 위한 과정을 조절하는 능력이 부족하다. 미연이의 학습 부진은 낮은 자존감, 자신감 부족 등 정서적인 영역과 밀접하게 관련된다.

가족 역동성에서 볼 때, 언니에 대한 뿌리깊은 열등감을 갖고 있다는 점이 두드러진다. 언니와 비교되는 가운데 늘 자신의 성취에 대해 낮게 평가를 받아와서 자신감 저하, 정서적인 위축, 자기 자신에 대한 부적절감 등을 만들어 온 것 같다(이러한 정서적인 특징은 심리검사 전반에서 나타남). 성공감, 성취 경험의 부족은 학습동기를 떨어뜨리고 긍정적인 자아상을 형성하지 못하게 한다. 이러한 결과로 나타나는 정서문제는 2차적으로 학습 문제를 가져올 수도 있다. 때문에 정서문제와 학습문제를 함께 다루어서 근원적인 해결에 도움이 되도록 해야 한다.

지금까지 소개했던 사례는 전에 필자가 소장을 역임했고 현재 고문을 맡고 있는 강남아동상담센터(www.kncsangdam.co.kr)에 내원한 학생들의 심리검사와 그에 대한 평가이다. 평가가 끝나면 이어서 치료과정으로 들어가는데, 치료과정은 복잡하고, 또한 개인에 따라 그 내용도 달라지기 때문에 이 책에는 포함시키지 못했다.

이 책에 학습부진의 치료과정을 포함시킨 이유는 아이가 공부를 왜 못하는지 그 이유라도 알고 싶어 하는 부모들에게 참고가 되었으면 하는 바람 때문이다.

아이가 공부를 못하는데는 분명히 있다. 그 이유를 잘 파악해서 부모가 적절히 도와준다면 분명히 희망이 있다.

참고로 강남 아동상담센터에서 상담이나 치료를 받을 수 있는 대상 아동을 소개하면 다음과 같다.

정서 · 행동 문제

자폐 행동을 보이는 아동

항상 불안하고 긴장하는 아동

의욕이 없고 우울해 보이는 아동

말을 더듬는 아동

눈 깜박임 등의 틱 행동을 보이는 아동

학교에서 말을 하지 않는 아동

적대적이고 반항적인 행동을 하는 아동

도벽이 있는 아동

친구를 못 사귀는 아동

학습문제

주의 집중이 안 되어 학습이 어려운 아동

학습의욕을 보이지 않는 아동

지능에 비해 성적이 나쁜 아동

수학학습 능력이 떨어지는 아동

읽기와 쓰기에 곤란을 느끼는 아동

바른 학습습관이 안 된아동

일반 학습진도를 따라가지 못하는 아동

효율적인 학습방법을 모르는 아동

지능이 다소 떨어져 학습이 어려운 아동

1등 아이 만드는 비결

공부를 잘하려면 지능, 환경, 정서, 공부방법의 4가지 모두가 갖추어져 있어야 한다. 학습치료의 순서는 먼저 정서를 안정시키고 환경과 공부방법을 바로잡아 주는 것이다.

제 1 탄

나는 명품이 좋다

1년에 2천만엔이 넘게 옷을 사들이느라 카드빚을 쓰고도 모자
라 롤렉스 카르티에 시계를 전당포에 맡기고 의료보험까지 체
납할 정도인 이 '쇼핑의 여왕'은 명품의 매력, 그리고 쇼핑의
수많은 시행착오 경험을 유머러스하게 그려낸다.

--중앙일보 〈삼백자 서평〉

제 2 탄

너희가 명품을 아느냐

쇼핑중독자의 말로만큼은 확실히 보여준다. "모닝커피 마시러
샤넬 가방을 들고 나선다. 그런데 가방 속 루이뷔통 지갑에는
영수증만 가득할 뿐 돈은 한푼도 없다. 잠자는 남편 지갑에서
지폐 한 장 훔쳐 나간다..."
　　　-〈조선일보〉 정재연 기자

제 3 탄

쇼핑의 여왕

무턱대고 물어온 먹이를 나무 위에 쌓아놓고 완전히 잊
은 바보 같은 다람쥐처럼, 집안에 샤넬이며 에르메스 따
위를 잔뜩 쌓아둔 것이다. 그러자 남편이 기가막혀 하
는 말, "당신, 이 소파 위에 쌓아둔 옷 무덤, 전부 400
만엔 어치야."

| 각권 7,500원

제 1 탄

예쁘지 않으면 사는 게 괴롭다

다이어트를 1주 게을리하면 자신이 안다.
2주 게을리하면 사진이 안다.
3주 게을리하면 누구나 다 안다.

누구나 경험해보았겠지만 가장 아름다운 사진은 그이가 찍어준 것이다. 그중에서도 함께 여행가서 그 다음날 아침에 찍은 사진이 최고다. 물론 화장을 하지 않았지만, 파운데이션을 바르지 않아도 피부가 매끈매끈하고 볼터치 같은 것은 필요없을 정도다. 눈빛도 반짝반짝 생기가 돈다. 내 친구 중 하나는 남자친구와 여행가서 찍은 독사진을 선보는 자리마다 가지고 나간 경우도 있었다. "너무 잘 나온 사진이라 그 사람과 헤어졌어도 버리기 아까워서..." 그게 이유였다. | 값 8,500원 |

제 2 탄

거침없는 여자가 아름답다

"골때리는 아줌마를 만났습니다."
−예스24 독자서평(9330님, 2004년 7월 14일)

어찌되었건 이 아줌마(54년생이다. 아줌마맞지?··) 한마디로 골때린다..그것도 매우 심하게...카피라이터를 거쳐 작가가 되었다고 하는데..그녀의 다른 소설도 매우 읽고 싶은 충동을 던져줄 만큼 그녀의 글쓰기는 매력적이다...일단 재미가 있고 그 재미는 다분히 그녀의 솔직함에서 나온다...아마 남자들보다 여자들이 느끼는 카타르시스가 더욱 크리라....이 언니 책 서두에서 자신의 외모를 매우 공격적인 방법으로 표현해 주었는데....케냐사람들이 보기에 최고의 미인형이란다..ㅋㅋㅋ 몸매도 매우 뚱뚱하고....발도 크고 넓적하며 밤에 먹는 것을 좋아하여 얼굴도 커다란 빵모양이지만... 케냐사람들에게는 그런 얼굴이 최고의 이상형이라며 우스갯소리를 퍼붓는데......웃지 않을 재간이 없다..^^ | 값 8,000원 |